♥さゆり流 愛の節約ごはん

♥さゆり

LESSON 01 同棲＆新婚時代を支えた 超節約レシピ

LESSON 02 代用品で安く手軽に！ 超アイデアレシピ

LESSON 03

奇跡の53歳！ 美のヒミツ

超美容レシピ

CONTENTS

お願い＆注意

本書のレシピには分量がありません。
それは、さゆりさんが目分量で作っていて、正確な分量がわからないことと、
作る人の好みの味で作ってほしいという思いからです。
使用している調味料は基本のものばかりで、きっと想像がつく味です。
材料の組み合わせやアイデアを楽しんでいただければ幸いです。

※本書はWebサイト・ウォーカープラスの連載「♥さゆりの超節約ごはん」に加筆・修正をし、撮り下ろしを加えたものです。

はじめに

ボヨヨ～ン❤　夫婦で漫才をしています「かつみ❤さゆり」の❤さゆりです。
まさか、まさか、私が料理の本を出すなんて！
ちゃんと料理を習ったこともないのに！

皆さん、私が料理をするイメージってあります？
吉本の後輩からは「さゆりさん、料理されるんですか？」と言われることもあって、
いざ、料理をふるまうと「おいしいじゃないですか！」って驚かれるんです。
そう、私、料理するんですよ！

というのも、皆さんご存じと思いますが、夫のかつみさんは借金王（苦笑）。
財テクのためにはじめた投資で大損をし、
結婚当初から1億7000万円もの借金を抱えていました。
その後、事業の失敗もあり、返済しても返済しても減らない借金……。
そのため、同棲時代から極貧生活で1日3食なんて夢のまた夢。
栄養失調で倒れたこともありました。

とにかく貧乏だったので、なけなしのお金で食材を調達。
普段は捨てる葉っぱのところをいただいたり、ロケ先でおすそ分けしてもらったりしながら、
少しでもかつみさんにおいしく食べてもらおうと、
ない知恵をしぼって工夫をしながら料理してきました。
だから私が作る料理は、近所のスーパーで手に入る食材を使ったものばかり。
どれも目分量で、レシピといえるものではないかもしれないけれど、
お財布と体へのやさしさには自信があります!!
だって、体を壊したら借金返済ができなくなりますから！
2人とも歳を重ねた今は、健康のことも考えつつ節約してます。

私のアイデアをもとに、皆さんの家庭の味、
お好みの味で再現してくれたらうれしいです♡

LESSON

01

同棲＆新婚時代を支えた 超節約レシピ

多額の借金を抱えたかつみさんと、20歳で同棲をスタート。
極貧生活のなかで生まれた食材を無駄にしない節約レシピを紹介します。

超節約レシピ

01

菜〜んと！ゴマッた！捨てるとこで炊いたん

「捨ててはるとこ、ちょうだい！」から生まれた究極0円レシピ！

本当に困っていた時は節約どころか、0円でやってました。スーパーでは、主婦の方がラクなように大根の上の部分を切って捨ててはるんです。それで本当にお金に困っていた頃、スーパーのおじさまやおばさまに「捨ててはるとこ、ちょうだい」とお願いしたら、「さゆりちゃん、とっといたで！」とくれはるようになったんです。

当時はまだ「かつみ❤さゆり」ではなく、普通の女の子だったんですけど、大阪の人たちは本当にやさしくて。次に行った時は「いるかー？」って聞いてくれて、かわいがってもらってました。ほかにもお肉屋さんで肉の切れ端をもらったり、かつみさんとの同棲時代は、いろんなお店の店主さんに支えてもらいました。

実は、今も近所にある大手スーパーのいろんな売り場の皆さんと仲良しなので、捨

お店でもらった「大根の捨てるところ」で、驚異の０円レシピを披露。

てるところをもらっているんです（笑）。ただ、最近は葉っぱ付きで売っているお店を見つけることすら難しくなりましたよね。仕入れ先によっては葉っぱが落とされた状態で送られてくるそうです。だから、最近は私も入手が困難になっていて、事前に頼まないといけないんです。皆さんも混んでない時間に店員さんと仲良くなっておくといいと思いますよ。話しかけづらいという方は、案内カウンターで聞いてみてはどうですか？　あとは〝ポケモンＧＯ〟の感覚で個人商店を探し、「大根の葉っぱＧＥＴ！」みたいな感じで（笑）。

でも、何で捨てはるんやろ？と思います。大根の葉っぱだけでなく、食べられる部分も結構ついてるんですよ。大根って、この葉っぱの付け根の身（青首部分）のところが一番甘いんです！　それでこの葉っぱをごま油で炒めて、砂糖やしょうゆ、ごまをかけるだけで、すごくおいしくなるんですよ。ごはんのお供に最高です！　身の部分は煮物にするとすごくおいしいんです。昔は大根だけだったけど、今回は見栄を張って、ゆで卵と冷凍しておいたいただきもののアスパラガスをつけました（笑）。

ブロッコリーやさやえんどうなど、お料理がパパパッとできるようにいろんな食材をゆでて冷凍しています。ちなみに冷凍は、昔から活用しています。ごはんも今みたいな解凍専用の容器がない時からしてました。だって、もったいないから（笑）。

それから、どんな状況の時でもお料理に彩りがあると、お金をかけなくても食卓が華やぐ気がするので、昔からちょっとでも色を入れるようにしています。それに色の

大根の葉をみじん切りに。捨てられている部位でも、食べられる部分は意外と多いもの。

ある食材が入ると、何も考えなくても栄養素のバランスが整うんですよ。ビタミンAからDまでそろったりするので、余裕がある時は彩りをよくすることを心がけています。ただ、色のある食材は高いので、新婚当時はない時も多々ありましたけどね。

♥明治、大正、昭和――さゆりの料理には3世代の女性の知恵が詰まっている

お料理の知識は、元々あったわけではないです。かつみさんとの同棲生活も思わぬ形で始まったので、心構えもなく、おうちでお手伝いをしていた延長ぐらい。お金がなくて、料理本を買うこともできなかったですし。でも私、明治生まれのひいおばあちゃん、大正生まれのおばあちゃん、昭和生まれのお母さんと、3世代の女性のなかで育ち、見よう見真似でお手伝いをしていたんです。この大根の葉っぱの炒め物も、ひいおばあちゃんから代々伝わり母から教えてもらったもののアレンジ。だから、私が作る味は、若い人向けじゃないんですけどね（笑）。

大根の葉っぱは、皆さんももらいはったらいいと思いますよ！　一番驚いたのは、捨てるところが「こんなにおいしいんだ！」ということ。よく考えたらお刺身のトロだって、昔は捨ててたっていうじゃないですか!?　きっと捨てるところにおいしい部分が隠れていることは、まだあると思います。たとえば、えのきたけの石づきの上の集合体のところとか。スライスして焼いて、ポン酢で食べたら、おいしいですよ！

ごま油で炒め、砂糖としょうゆで味つけすれば立派な1品に。

これは芸人にも言えるかもしれないです。昔、吉本興業に「ビールスセブン」というお笑い集団がいて、「お前らなんか、吉本のバイキンじゃ。捨てたいわ！」くらいに言われていたらしいんですけど、そこにいらしたのはB&Bや（明石家）さんま兄さんですからね。会社から除外したいと思われていたメンバーたちが、お笑いブームを作ったんです。だから、捨てようとしているところにこそ、すごいものが埋まっているんやと思います！

もう一回、捨てるところに注目しないとダメですよね。私、大根やにんじんの皮もきんぴらに入れるんです。食感もいいし、一番栄養価も高かったりして、これを捨てるなんて本当にもったいない。宝は捨てるところにこそあるよ！って思います。ですから、業界の皆さま！　もし私のことを捨てようと思っていたら、「捨てないでね」と声を大にして言いたいです！　まだ私の中にも、何かが埋もれているはずです！　知らんけど（笑）。

かつみさんに「あ〜ん♡」
いつまでもラブラブです

大根の炊いたんには彩り用のゆで卵とアスパラガスもスタンバイ。

菜～んと!ゴマッた! 捨てるとこで炊いたん

材料

葉付き大根　しょうゆ　アスパラガス
ごま油　顆粒和風だし　すりごま
砂糖　ゆで卵　お好みで七味唐辛子

作り方

❶ **葉と身を分けて切る**　大根は葉と切り分け、身の部分は皮をむき食べやすい大きさに切る。葉と皮をみじん切りにする。

❷ **身の部分を煮る**　鍋に大根と水を入れて火にかけ、顆粒和風だし、砂糖、しょうゆ、ゆで卵を加えて大根がやわらかくなるまで煮る。器に盛り、ゆでたアスパラガスを添える。

❸ **葉と皮を炒める**　みじん切りにした葉と皮をごま油で炒め、砂糖としょうゆで調味。たっぷりのすりごまとお好みで七味唐辛子をふってできあがり♡

るとくちメモ♡
葉は炒め過ぎず、
シャキシャキの
歯ごたえを残して。

超節約レシピ

02 これなんジャガ

ロケ先でもらったジャガイモを、おやつにもなる究極の1品に！

かつみさんと行ったロケ先の方がいろいろ送ってくださるんですが、なかでもおジャガは、段ボールでドーン！ともらえたりするから、すんごい助かるんですよね！　今回紹介する〝これなんジャガ〟は、かつみさんも大好き！　ペロンチョで食べちゃいます（笑）。

皆さん、突然ポテトチップスが食べたくなったりする時ってありませんか？　でも、スナック菓子ってカロリーが気になりますよね。そんな時におすすめのお料理です。今回は見栄を張って豪華版にしてますが（笑）、以前はおジャガだけで作ってました。

ポテトサラダに見えますけど、違うんです。おジャガを4分割ぐらいに粗く切って、チンしてつぶしたものに、お塩とバターとはちみつを入れているのですが、はちみつを入れるだけでおやつ代わりにもなるんですよ。めちゃくちゃおいしいですし、ポテトチップスみたいに揚げないのでヘルシー！　しかもおジャガは、腹持ちもいいんですよね～。

実はちょっとこのお料理の存在を忘れていたんですが、少し前にスーパーでカルビーさんのポテトチップス〝しあわせバタ～〟を見つけまして。味が気になったので買って帰ったら、なんと〝これなんジャガ〟と同じ味だったんです！　まずかつみさんが「おんなじ味やん！」って言うて、〝さゆり天才！〟ってなったんです。「カルビーさんよりも早かったで！　さゆりちゃん！」って（笑）。その時は、すっごくテンション上がりました～！　私が最初に作った時は、冷蔵庫にバターとはちみつが残っていたから入れただけなんですけどね。

話題のスナックと同じ味を生んだのは、冷蔵庫の残りもの

私はいつも冷蔵庫の中にある調味料で料理をするので、ある意味、実験みたいなもの（笑）。かつみさんと暮らし始めた20歳くらいから、下ごしらえとかきっちりしたことを学ばず、料理本も買えず、自己流でやってきました。もちろんうまくいかなかったこともありましたけど、それでもお腹が空いていたらおいしいんです（笑）。

耐熱容器にざっくり切ったおジャガとにんじんを入れて、電子レンジでチン。目安は600Wで4分。

ものすごくありがたいことに、かつみさんは味オンチなんですよ！　ここまで私がやってこられたのは、かつみさんが何を食べても「さゆりちゃん、おいしい！」って言ってくれるからだと思います。褒めてもらうのは絶対大事！　だって、料理って大変じゃないですか？　だから、作ってもらった人は「味が薄い」とか言う前に、ウソでも第一声で「おいしいね」と言ってほしいです。そう言ってくれたら、作る方も作りがいを感じるのではないかな？と思います。最初から否定されたら、もう作らへん！ってなりますからね。

♥さゆりのレシピとポテトチップスしあわせバタ～が、奇跡の〝ほぼ〟一致！

本当にたまたまおジャガにお塩とバターとはちみつを入れてみたら、すごくおいしかったので、うちでは砂糖ではなく、はちみつが定番になりました。〝しあわせバタ～〟も袋の裏側を見てみたら、塩とバターとはちみつが入っていたんです。ただ、カルビーさんはやっぱり違います！　そこにマスカルポーネチーズも入ってました。高そうなチーズ！　さすがカルビーさんです（笑）。私はそれを知ってから、粉チーズを買ってきて入れてみました。カルビーさんはお高いチーズですけど、粉チーズでもおいしかったです。一気にオシャレ感が増しました。

うちではごはんの定番メニューですが、はちみつの量でおやつにもなりますし、お子さんも絶対に好きだと思います。それにとっても簡単なので、ぜひ作ってみてください！　私のレシピは本当に適当に目分量でやってるので、皆さんのお好みで調節していただけたらと思います！

はちみつが隠し味♡

「はちみつでほんのり甘くしているから、おかずだけでなくおやつにもおすすめです」

意外な味を生んだのは、お金のない時代に培った味変の習慣

ありがたいことに、おジャガだけでなく、玉ねぎやアスパラガスなどをドーンといただくこともあります。一番お金に困っていた時に、この繋がりがあったら最高やったのに……と思うのですが（涙）。お金がなくて同じ食材しか買えなくても、いろいろ味変させて食べるクセがついたので、ド～ン！と、いただいても今日はスープに、明日はメインにといろいろ作ることができるようになりました。これはあの頃のおかげだなって思います。おジャガもポタージュにしたり、いろいろ作りました！

ロケに行くと皆さん、「送ろうか！」と言ってくれはるんです。それで「会社の方に送ったほうがいいかな？」と言わはるんですけど、「そんなことないです！」と家の住所を渡してます（笑）。そこからお付き合いが始まることもありますね。

私たち夫婦の最終目標は、80歳を超えてもワーワー言いながら、ロケに行ってレポートすることなんです。私の知識の9割はロケからいただいていますし、ロケ大好き！たぶん、このままのテンションで80歳ぐらいまでだったら行けるんじゃないかな？と思ってます。かつみさんは確実に行けると思いますけど（笑）。

ミニトマトで彩りよく。粉チーズをふれば、「しあわせバタ～」風に。

これなんジャガ

材料

ジャガイモ	はちみつ
にんじん	ミニトマト
バター	お好みで粉チーズ
塩	あればドライパセリ

作り方

❶ **レンジでチン**　ジャガイモとにんじんを一口大くらいに切る。耐熱容器に入れ、ラップをして電子レンジ（600W）で4分ほど加熱する。

❷ **つぶして調味**　やわらかくなったジャガイモとにんじんをフォークなどで適当につぶす。バター、塩、はちみつを加えて混ぜる。お好みで粉チーズを加えて。

❸ **器に盛る**　器に盛り、半分に切ったミニトマトをまわりに飾り、あればドライパセリをふって完成。

ひとくちメモ

ジャガイモは
粗くつぶすのがコツ。
ほんのり甘い
味つけに。

超節約レシピ

03 もやしのせいろ蒸し

ちょっと高そうな名前を付けるだけで、ただのもやしが特別に！

皆さんにも「そうそう！」と共感してもらえると思うんですけど、もやしって安いし、お料理のかさ増しもできるし、食感を残すと食べた感覚も得られる。最強じゃないですか？　ただ、〝もやしのせいろ蒸し〟なんて、かっこいい名前を付けてますが、塩、こしょうをふって、ポン酢で食べるだけなんですけどね（笑）。それをポンと出すだけだと、ただのもやしを蒸したやつなんですけど、「今日は〝もやしのせいろ蒸し〟よ～」と言って出すと、気分が変わるんです。名前がすごく大事で、ほかのメニューでもちょっと高そうに感じる名前を付けています（笑）。

ルーツはなんと、昭和の大スター・松田優作！

〝もやしのせいろ蒸し〟は、かつみさん発のネーミングです。かつみさんが、「どんきほ〜て」というコンビを組んでいた時代に、大阪の空堀商店街にある「冨紗家《ふさや》」さんで松田優作さんの大好物で〝優作鍋〟と呼ばれている〝豚もやしせいろむし鍋〟を紹介するロケをしたんですね。それがすごくおいしかったと話してくれたんです。もやしやしいたけ、豚肉が3段構えになっていて、ポン酢で食べると。それを聞いて作ったのが我が家の〝もやしのせいろ蒸し〟なので、実はルーツは松田優作さんにあるんです！　まあ、そのひもじい版というか……（笑）。昭和の大スターにあやかりながら、いろんな具を引いてもやしだけになり、ポン酢につけて食べるとこだけが生き残りました。

うちのソウルフードになっているということで、「冨紗家」さんに2人でロケにも行かせていただきました。松田優作さんは本当に〝豚もやしせいろむし鍋〟が大好きで、おうちに郵送までしてもらって食べてはったそうです。

ただ我が家の場合、写真を見てもわかる通り、全然せいろで蒸していません（笑）。でも、せいろ蒸しと聞くとニュアンスが変わる。だから、寂しい感じにならずに食卓も楽しくやってきました。基本、私はノー天気で、かつみさんは私に輪をかけての〝超〟ノー天気。かつみさんは人生で出会ったことのないぐらい、ネガティブのかけらもない人なんです。マネージャーさんに聞いたら、きっと「ヤバい」って答えるぐらい、ヤバいんです（笑）。もう少し見極めるところがあってもいいと思うんですけどね。だから失敗するんですよね。でも、失敗しても平気なんです（苦笑）。

「この土鍋は、かつみさんとロケに行った時に焼いたものです。ずっと使っていて、一部欠けてるんですけど、愛着があるので捨てられずにいます」

飴ちゃんで空腹をごまかし、50円玉だけを握ってもやし売り場へ直行

今回は、〃もやしのせいろ蒸し〃の豪華版です！　豚肉が上にのってます。もやしを洗わずにそのまま入れちゃいます。どうせ蒸すのにお水を入れますから、洗うつもりで上から水をかけるんです。そこに塩、こしょうをふって、豚肉をのせられる日はのせる。この豚肉の量も、日によって違います。

新婚当時は常にお腹が減っていて、そのままスーパーに行ってしまうとあれもほしい、これもほしいとなってしまうことがわかっていたので、行く前に飴ちゃんを舐めて食欲をごまかし、50円だけ握りしめてもやし売り場に直行していました。

日によってはもやしが安く、2袋買えることも。その日は贅沢食卓でした！　ただ、もやしが続いてしまうので、そうなった時にいかにいろんなパターンを出せるかが、知恵の見せどころでした。せいろ蒸しだけじゃ、飽きられちゃいますからね。最初はパターンが少なかったけれど、徐々に増えていきました。意外なところではおみそ汁です。もやしの水気が出るとおいしくなくなるので、ざっくり2〜3等分に切って、最後の方に放り込んで食感を残すとおいしいんですよ。当時はかつみさんがお仕事に行くと、どれぐらい食事できるのかわからなかったので、かつみさんにちょっとでも多く食べさせてあげたかったんです。だから朝、バイトを終えて帰ってきたら、「もう食べたよ」と言って、ほとんどかつみさんにあげてたんです。

だけど、それで私、20歳の時に救急車で運ばれ、栄養失調と診断されたんです（笑）。

味つけはいたってシンプル。塩、こしょうをふるだけ！

平成の世に栄養失調ですよ！　でも、そりゃそうですよね。かつみさんに食べたってウソをついて、食べてなかったんですから。一時期、吉本新喜劇に在籍させていただいたことがあるんですが、その当時も出番が終わってソデに下がったところで倒れて救急車で運ばれたことが何回かありました。私はすっかり忘れていたんですけど、いまだに新喜劇の内場（勝則）兄さんとかに言われます。今こうやって元気にやってるのが「信じられへん」って。「あの姿を見てたのに、ボヨヨーンとか言い出して、ホンマにびっくりしてんねん」と言われます（笑）。

かつみさんは本当に私が食べていると思っていたので、ケンカにはならなかったです。ただ、その後、「かつみ❤さゆり」として2人でお仕事をするようになったら、ロケに行けばロケ弁が出て、テレビ局に行けば楽屋にお弁当とかお菓子があって、仕事先でいろいろ食べ物が出てくることを知ったんです！　食べといたらよかったなと思いました（笑）。

「お財布事情にあわせ、もやしが2袋になったり豚肉が増えたりします」

もやしの食感を残すくらいのところで、蓋をパカッ!

もやしのせいろ蒸し

材料

もやし	塩
豚バラ肉	こしょう
白ねぎ	ポン酢しょうゆ

作り方

❶ 鍋の準備
お鍋に水をはり、蒸し器の上にもやし、豚肉をのせる。

❷ 味つけし蒸す
塩、こしょうをふり、蒸すだけ。豚肉に火が通り、もやしの歯ごたえが残るくらいが目安。

❸ 白ねぎをのせて完成
小口切りにした白ねぎの青い部分をのせる。ポン酢しょうゆにつけて食べる。

ひとくちメモ♡
初心に戻れるかつみさんと
苦楽をともにした
我が家の
「ソウルフード」

超節約レシピ

04

さんま兄さん！見ぃ～つけた

秋の味覚のさんまが1尾だけでも2人で楽しく食べるレシピ

我が家には〝さんま兄さん！ 見ぃ～つけた〟という料理があります。今、さんまは高くなってますが、昔はちょ～安かったんです。ただ、それでも我が家は1尾しか買えないことが多かったので、焼いた身を全部ほぐして、それを大根おろしに隠して探すということをしていました。だから、大根おろしにちょっと身が付いているぐらいになるんですけど（笑）。

作り方は簡単です。大根1本分をおろし、ピラミッドみたいな山にして、そのなかにほぐしたさんまを隠すだけ。それで大根おろしの山をほじっていると、〝さんま兄さ

ん〃が見つかるんですよ！　小さい頃に公園の砂場で山を作って崩した、あのイメージです。めっちゃ、楽しくないですか？（笑）

今回は令和バージョンでシャレた感じにしてみましたけど、平成の時は爪楊枝に紙を付けた旗だけ立てて、イベント感を出してました。

ほぼ大根ですから、体にもいいわけです（笑）。これを天つゆにつけて食べます。普通にさんまを焼いて食べる時は大根おろしとしょうゆですけど、〝さんま兄さん！見ぃ〜つけた〟の時は天つゆ。大根おろしは天つゆにつけると、いくらでも食べられますからね。大根おろしと天つゆのヒントになったのは、20歳ぐらいの時に連れて行ってもらった、銀座の天一さんというおいしい天ぷら屋さんでした。お仕事で東京に来た時に連れていっていただいたんです。そこでまず驚いたのが、大根おろしのおいしさでした。それまでは汁気のある大根おろししか知りませんでしたが、そこは水気をきっちりと切った大根おろしだったんです。それがものすごくおいしくて、天ぷらが出てくる前に天つゆで大根おろし一山をたいらげてしまうほどだったんです。この大根おろしを生かしたのが「さんま兄さん」なんですよ。ものすごくきっちりと水気を切ることでとってもおいしくなるので、ぜひ試してみてください。

大根おろしのしぼり汁がもったいない！から生まれた絶品お粥

大根おろしは1本分です！　おろすのは大変なので、かつみさんに頼みます（笑）。で、大根おろしで山を作るためにはきちんとしぼってかたくしないといけないんです

1尾のさんまと1本の大根で、テンションが上がる楽しいお料理に変化！

「さんまは身をほぐす。細かい骨は気にしない（笑）」

けど、この時にお汁が出るんです。このしぼり汁を捨てるのがもったいないので、それを使ってお芋のお粥さんを作ります。作り方は簡単で、大根おろしのしぼり汁に水を足して、そこにお芋さんを入れ、顆粒和風だしとちょっと塩をふるだけ。それだけなのに超絶おいしいんですよ！

後から知ったんですけど、大根おろしのしぼり汁って栄養素のかたまりだったんです。ものすごく酵素がいっぱいで、ビタミンCも入ってる。当時は「なんか健康によさそうだなー。失敗してもまあいいか」と思ってやってみたんですけど、ちょっとみぞれっぽい感じになって甘みも増すので、本当におすすめ。かつみさんも普通のお粥さんよりこっちの方がおいしいとなり、大根おろしのしぼり汁が出た時の定番メニューになりました。

少ないお米で作れるお粥・雑炊は、返済生活の強い味方！

我が家は、ごはんはお粥さんにすることが多いんです。ごはんが一膳分しかなくても、お粥さんや雑炊にすると2人分になりますし、胃にもやさしいので、お粥さんや雑炊率が高かったんです。知らないうちにダイエットになっていました（笑）。お芋のお粥さんは、私が小さい頃から大好きで、風邪をひいた時にお母さんがよく作ってくれたんです。私が卵粥より、こっちの方がいいって言って。それで、かつみさんが風邪をひいた時に作ってあげたら、感動してくれはって。それまで風邪をひいた時、お粥さんを食べたことがなかったらしいんです。それから、かつみさんも大好きになりました。

気分は宝探し！

こんもりとした大根おろしの山の中からさんまを探すのが楽しい。

手作りの旗でイベント感を！

大根の葉っぱももちろん捨てずにおいしい3品目に変身

そして、大根には葉っぱが付いているので、その葉っぱとむいた大根の皮、あと冷蔵庫に残っていたしいたけで炒め物も作りました。しいたけって、冷蔵庫のなかでカピカピになってることがありませんか？　勝手に干ししいたけみたいになっていたので、それを細かく刻んだものと葉っぱと皮をごま油で炒めてもう1品のできあがりです。しいたけの旨みが加わって、一段とおいしい～！　大根1本から3品できちゃいました。大根って皮とお汁にすごく栄養素があるので、これなら何一つ無駄にせず全部食べられます。

今回は〝さんま兄さん！　見ぃ～つけた〟を紹介しましたけど、実は兄さんに1回もネーミングの了承を得たことがないんです。だから、さんま兄さんは、知りません(笑)。よく作っていたのはまだ兄さんと面識のなかった頃なので。今はおかげさまで1人1尾、さんまを買えるようになりましたけど、最近、さんまの値段が高くなってきたので、1尾でできる〝さんま兄さん〟をまた、やりたいなーと思っています。

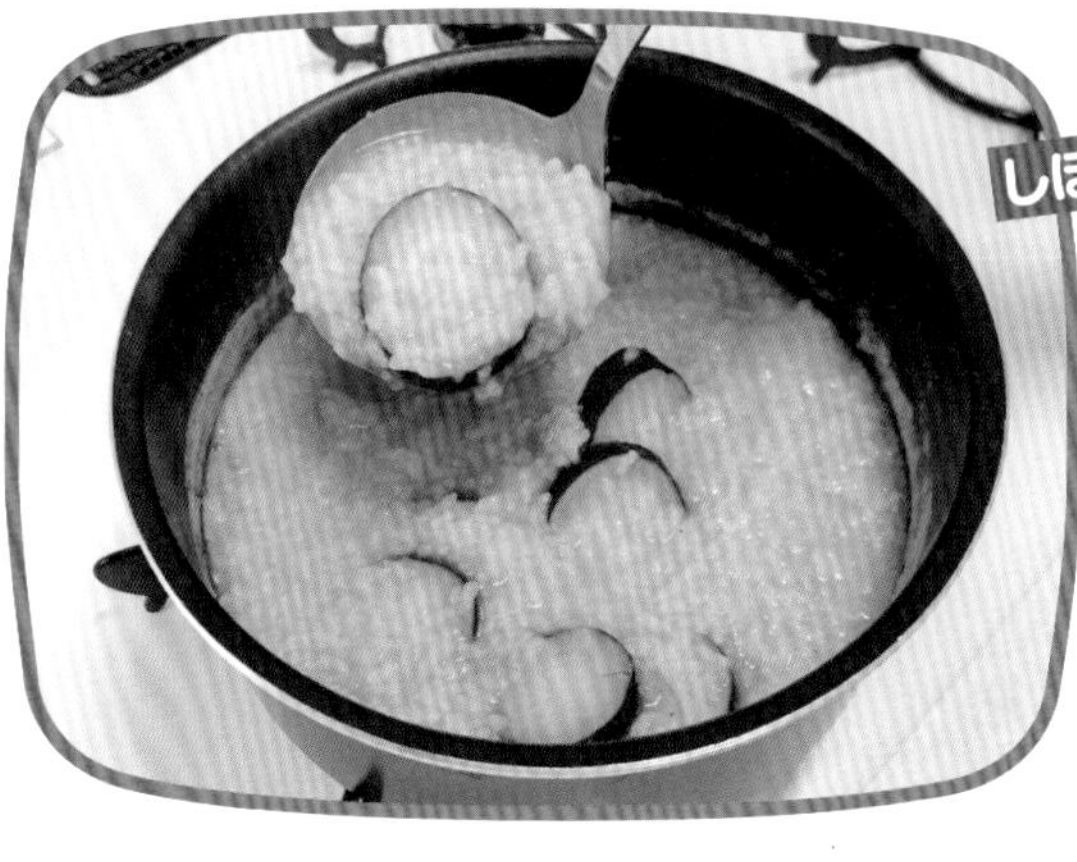

大根おろしのしぼり汁を
使った栄養満点かつ、
超絶おいしいお粥さん。

さんま兄さん！　見ぃ〜つけた

材料

大根　さんま　天つゆ
白ねぎ

作り方

❶ **さんまを焼く**　さんまを焼き、身をほぐす。
❷ **大根をおろす**　大根は皮をむき、葉とともに残しておく。1本すべておろし、しっかりとしぼって水けを切る。しぼり汁は捨てずにとっておく。
❸ **デコレーション**　お皿に大根おろしをのせて積み上げていき、途中にさんまの身を潜ませ、大根おろしの山を作る。白ねぎの青い部分を小口切りにし、ちらす。天つゆでいただく。

搾られた大根役者芋粥変化

材料

大根おろしのしぼり汁　顆粒和風だし　塩
ごはん　さつまいも

作り方

❶ **お粥を作る**　鍋に大根おろしのしぼり汁と水、顆粒和風だしを入れ火にかける。輪切りにしたさつまいも、ごはんを入れ、さつまいもがやわらかくなるまで煮る。
❷ **塩で調味**　塩で味をととのえる。好みの味つけでOK。

捨てる皮あれば拾う葉もあり

材料

大根の葉、皮　砂糖　すりごま
しょうゆ　ごま油

作り方

❶ **大根の葉と皮を刻む**　大根の葉と皮を粗みじん切りにする。
❷ **炒めて味つけ**　1をごま油で炒め、砂糖、しょうゆで味つけ。すりごまをたっぷりとふりかけ、できあがり。

超節約レシピ
05
昨日、すき焼きだったので♡

まるで本物のシメのよう！
ワクワク感を再現するレシピ

うちのすき焼きを紹介します。題名を付けるなら〝昨日、すき焼きだったので♡〟。このお料理を出す時は、「昨日、すき焼きだったから、今日はコレだよ」という気持ちで出します。もちろん、昨日、すき焼きだったわけじゃないんですけどね。でも、私は基本、気持ちから入る人なので（笑）。

関西人にとってすき焼きのお肉といえば〝牛肉〟なのですが、牛肉って高いじゃないですか。だから、ちょっとの切り落としと玉ねぎがあれば、十分。砂糖としょうゆと、本当のすき焼きじゃないので水を足し、結構な量のすき焼きのタレを作って煮ます。まるで本物の〝シメ〟のように、玉ねぎもクタクタになるまで煮ます。〝シメ〟って何だか、ワクワク感があるじゃないですか？　その気持ちも再現するんです。

子どもの頃からすき焼きそのものより、シメの方が好きだった

残り物の野菜も加えてくったくたにして、ごはんを加えます。これがおいしいんですよ～！　私は小さい頃からすき焼きそのものより、最後のシメの方が好きだったので、それだけを作る感じですね。見た目はアレですけど（笑）、おいしいですよ。旨みのかたまりですから。でも、ダイエットの敵！

玉ねぎから甘みが出るので、牛肉は本当にちょっとでも大丈夫です。究極は牛肉がなくても玉ねぎさえあれば、それっぽく見えるんですけどね（笑）。牛丼っぽくのせるよりも、具があるのかわからなくなるぐらい混ぜた方がおいしいと思います。だからお汁をたくさん作って、それをたっぷりごはんに吸わせてください。いわゆる、つゆだくです。

料理は、大喜利!? はたまたモノボケ!?

同棲・新婚時代は買える食材が限られていて、そのなかで作らないといけなかったので、お料理は大喜利みたいな感じでした。「このお題でネタを作ってください」と言われているような。あ、いや、「冷蔵庫のなかにあるもので何か作ってください」だから、モノボケか!?　モノボケに近かったです（笑）。

冷蔵庫にある残り野菜を使い切りたいときにもぴったりのメニュー。「玉ねぎは欠かせません！」

ちなみにかつみさんは私と結婚するまで、すき焼きを家で食べたことがなかったらしくて。すき焼きだけでなく、家族だんらんで食べるようなお鍋とか、みんなでつつくもの全般。仕事で食べることはあっても食卓ではなかったみたいで、最後のシメに雑炊をするのも新鮮だったそうです。

お正月に大奮発！しかし、おせちは悲しい結果に……

初めてかつみさんとすき焼きを食べたのは、お正月だったと思います。昔のお正月はスーパーが閉まっていたので、年末に何日分か買い出ししないといけなかったんですよね。それで、私の実家では三が日にお鍋とすき焼きの日があったので、かつみさんにもお正月にすき焼きを食べさせてあげたいと思ったのがきっかけでした。その買い出しで、まとめて買うから1万円ぐらい使ってしまって！　当時は50円玉だけを握ってもやしを買いに行っていた時代なので、「うわー、こんなにいったー。やっちゃったー!!」と思いました。でも、お正月らしいものを食べさせてあげたかったんです。「やっちゃったー。でも、食べさせてあげたい…！」と気持ちが揺れたのを、すごく覚えています。

かつみさんは、おせち料理も食べたことがなかったらしいんです。今みたいにおせち料理がいろんなところで売られている時代じゃなかったから、自分の家で作らないと食べられなかったんですよね。それで、おせちも食べてもらいたいとすごく思って、煮物やお雑煮も作りました。お雑煮は白みその丸餅で、煮物のこんにゃくはぐりんとひっくり返して、にんじんはお花みたいにして。いろいろ頑張って作ったんですけど、当時はかつみさんも20代だったので、「おせちはあんまり好きじゃないわ」ってなって（笑）。おせちを知らなかったので、ロケ弁で出てくる幕の内弁当の煮物と変わらないって思ったみたいです。私は小さい頃から恒例で食べているから、おせちを見ると「お正月だな〜」と思いますけど、いきなり出てきたら「煮物ばっかり」って思うんだなと勉強になりました（笑）。

野菜に対してお肉はほんの少しでOK。お肉がなくても玉ねぎさえあれば、おいしくできる。

本物のすき焼きよりもタレを多めにするのが、おいしさのポイント。つゆだくで！

ごはんは大量投入!!

ごはんをたっぷりと入れ、すき焼きのシメを再現。よ〜く混ぜて。

昨日、すき焼きだったので♡

材料

玉ねぎ　しいたけ
牛肉　ごはん
春菊　砂糖
白菜　しょうゆ
白ねぎ

作り方

❶ **野菜を食べやすい大きさに切る**　すき焼きを作るときのように野菜を切る。玉ねぎは1/2個を1cm幅を目安に切る。
❷ **フライパンで煮る**　砂糖、しょうゆで甘辛い濃いめの味つけにし、フライパンで野菜と牛肉を煮る。野菜がくた〜となるまで煮込んで。
❸ **ごはんを投入**　2にごはんを入れ、よく混ぜれば完成。

ひとくちメモ♡

玉ねぎ以外は
冷蔵庫の残りでOK
たっぷりの煮汁を
ごはんに吸わせて！

超節約レシピ 06

筋金入りのすじこん

子ども時代にインプットされた、〝すじこん愛〟

通称「ぼっかけ」は、牛すじとこんにゃくを炊いたやつで、どちらの食材もお安いので家計にやさしい！

何で私が〝すじこん〟を作ろうと思ったかというと、小さい頃、うちのご近所のおばさまが、何年かだけ自宅でお好み焼き屋さんをしてたんです。それが、いまだに食べたいと思うほどナンバーワンの味で、そのお好み焼きにすじこんが入っていたんです。

最初は大人たちが頼んでいて、近所のおじさんたちはそれをアテに日本酒を飲んだりするので、〝大人＝すじこん、すじこん＝大人〟というイメージでした。踏み込んではイケナ

イ領域だと思っていたのですが、ある日、私は勇気を出して言ったんです。「すじこん入りを食べとうございます」と。そして食べた瞬間、「おぉー!」と思いました。私が思っていたより甘辛くておいしいことがインプットされ、そこからの〝すじこん愛〟です。

あのおいしさをかつみ♥さんに味わってほしくて、同棲時代に初トライ!

私が最初に作ったのはお好み焼きのためでした。かつみさんに食べてほしくて作ったんですが、すじこん入りは神戸寄りの味だったので、食べたことがなかったみたいで、「うわぁー。あもう(甘く)ておいしぃな」と喜んでくれました。私は大きいのを一つ焼くのではなく、小さいのを何個も焼くタイプなので、「さゆりちゃん、次もこれ入れて焼いて~!」と気に入ってくれたみたいでした。

当時のかつみさんは、トミーズさんたちに「かつみがごはん食べてる!」と驚かれたぐらい食べ物に興味がなかったんです。冷蔵庫に入っていたのは、「ゼナ」だけでしたから。寝ないで24時間稼働したかったので、ドーピングのように栄養ドリンクと眠気覚ましドリンクだけ飲んでいて、食べ物を欲することがなかったそうです。

牛すじを買うお金がない時は、こんにゃくを○○して代用!

すじこんを作る時は、牛すじとこんにゃくを味ひたひたでぎょうさん炊きます。そして、まず1品料理として出した後に、お好み焼きの具に入れたり、もやしと一緒に

牛すじはくさみをとるために、下ゆでして水でさっと洗う。

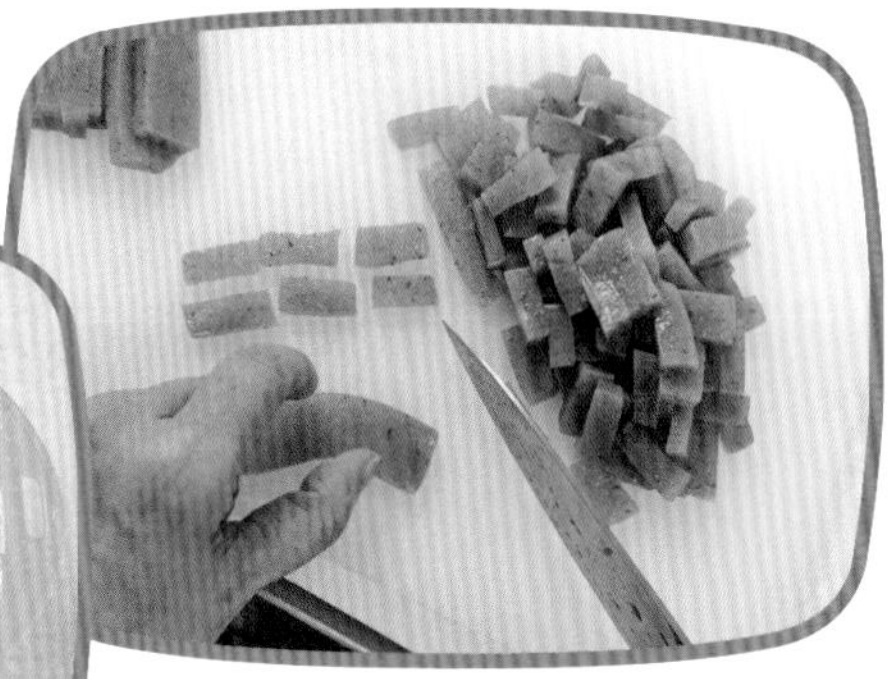

こんにゃくを冷凍し、お肉に見立てていた時代も。「牛すじが少量でも、こんにゃく多めにすればかさ増しできますよ」

炒めたりします。にんじんを入れることもありますが、同棲&新婚当時はすじこんともやしだけでした。ほかにもうどんに放り込んだり、ごはんにかけたり、本当に万能なメニューです。

牛すじも買えない時は、こんにゃくをお肉代わりにします。もはや〝こんこん〟です。こんにゃくを冷凍すると、牛すじの食感が生まれるんですよ！　こんにゃくは〝すじこん〟の時よりも少し大きめに牛すじっぽく切ってから冷凍するのがコツです。冷凍のこんにゃくはとても万能で、しょうが焼きみたいにもできるし、細切りにするとチンジャオロースにもなります。

伝説の番組で知った冷凍こんにゃくがおいしくなる〝ひと手間〟

腐るともったいないから何でも冷凍しちゃうクセがあるのですが、こんにゃくはなかなかおいしく食べられない食材でした。でも、以前、テレビ番組「いきなり！黄金伝説。」の「1ケ月1万円生活」という企画に出た時に、お料理のアドバイザーさんが「解凍した時にしっかりしぼったらおいしくなりますよ」と教えてくれて。

解凍後に出る水分にもアクが含まれているから、それをしっかりしぼる必要があるらしくて、やってみたら本当においしくなったんです。そのひと手間だけで断然おいしい！　そして、ふにゃふにゃしわしわになるんですけど、それが牛すじっぽかったのでピンときて、〝こんこん〟を作りました。

すじこんを作る時はいつも多めに炊いて、いろいろなお料理にアレンジ。

おろししょうがをたっぷり入れて、味を引き締めるのがさゆり流。

牛すじの正体に気づかない！
安定のかつみ♥さん

　今、考えると〝こんこん〟って、ダイエットメニューなんですよね。こんにゃくだけ食べていたら、物足りなさを感じるけど、〝こんこん〟ならお肉の食感があるし、焼肉のタレとか味が濃いめのものをかけると満足できる。節約だけでなく、ダイエットにも向いていると思いますよ！
　〝こんこん〟はどちらもこんにゃくですが、茶色く炊くから、味オンチのかつみさんは気づきません（笑）。〝すじこん〟と〝こんこん〟の違いがわからない。だから、本当は〝こんこん〟の時も〝すじこん〟と言い切って、食卓に出してます（笑）。

アレンジ料理♡
お好み焼き

野菜炒め

ぼっかけうどん

筋金入りのすじこん

材料

牛すじ
こんにゃく
砂糖
しょうゆ
酒
みりん
みそ
おろししょうが（チューブ）
お好みで白ねぎ、七味唐辛子

作り方

❶ **牛すじとこんにゃくを下ゆで**　牛すじとこんにゃくは食べやすい大きさに切る。別々の鍋で下ゆでし、アクや雑味をとる。牛すじは下ゆで後、水で洗う。

❷ **味つけし煮込む**　鍋に水と牛すじ、こんにゃくを入れて火にかける。煮立ってきたら砂糖、しょうゆ、酒、みりん、みそ、おろししょうがを入れて味つけ。弱火でコトコト2時間ほど煮込めばできあがり～。冷ましてからもう一度火を入れると、味がしみ込んでおいしい。お好みで白ねぎの青い部分と七味唐辛子をかけてめしあがれ。

ひとくちメモ♡

みそは隠し味ていど。
しょうがをたっぷり
入れるのが好き。

超節約レシピ07

ばじとうふ〜馬耳東風

本気の節約美容食!

いつも本気ですが、これは本気中の本気の節約美容食です。野菜をバジルソースであえ、お豆腐にかけると特においしいので、料理名は題して「ばじとうふ〜馬耳東風」。でも、これは聞き逃せないよ!というメニューです。

材料はきゅうりとミニトマトと青じそ、バジルソースのみ。ポイントは青じそで、入れるとさわやかになるんですよね〜。バジルと青じそのコンビは意外といけました。ただしバジルといってもフレッシュバジルではなく、キユーピーさんの「イタリアンテ バジルソース」です(笑)。味は大手さんにお任せしておけば間違いないですし、混ぜるだけですから!

きゅうり、ミニトマト、青じそを切って混ぜるだけ。「食べやすい大きさに切って〜」

いつもと違うトマトの食べ方に挑戦したところ爆誕！

私はいつも家にあるもので料理をするので、これも「ある日、家にある食材で作ったら偶然できた」というメニューです。血液をサラサラにするためにトマトを常備していて、普段はきゅうりとトマトに愛用の「べんりで酢」をかけて食べてるんですけど、ちょっと別の食べ方をしたくなった時に思いつきました。

ちょうどバジルソースが冷蔵庫にあったので、「きゅうりとトマトと青じそを合わせたら、おいしいんと違う？」と思ってやってみたんです。見た目もオシャレじゃないですか～？　かつみさんも初めて出した時に「何やこれ！」と言ってくれて、ひと口食べたら「さゆりちゃん、すごいな～！　俺、好きやわー」と大満足。今では大好きなメニューです。

おそうめんが余っている方にもおすすめ

最初はお豆腐ではなく、夏にいただいて余っていたおそうめんにかけました。まず麺にめんつゆを軽くかけ、その上に具材とバジルソースをのせるんですけど、食べる時にこの隠しめんつゆがいい仕事をしてくれるんですよ。和洋折衷ですけど、いい感じにマッチするので、ぜひ試してみてください。

かつみさんはおそうめんが好きで、「これ、めっちゃ好き！　おかわり～」と言われたんですけど、その日はおそうめんがなくなってしまったのでお豆腐にかけてみた

バジルソース超便利♡

市販のバジルソースを使えば簡単なうえに味も間違いなし！

青じそでさわやかな味に。ビタミン豊富な食材ばかりだから美肌に。

ら、こちらもおいしくて。おそうめんは意外と高カロリーなので、それ以降、我が家ではお豆腐にかけるのが定番になりました。

♥さゆりの美容食のおかげで、かつみ♥さんも若返り!?

更年期が気になる年頃になり、イソフラボンを摂取するためにお豆腐もよく食べますね。若い頃はお肌に透明感が出るようビタミンCを意識していたのに、50代に入ってだいぶ変わりました。

お肌といえば、かつみさんは昔、ニキビ跡が結構あったんですが、今は超キレイになったんですよ。化粧品もそうですけど、女性より男性の方が効き目は高い気がするので、食事療法も私より効いている気がします。私も53歳というといろんな人に驚いていただけるんですけど、かつみさんの60歳もありえないなって！　かつみさんが若返っているのは、私の美容や女性ホルモンを意識した食事が役立っているのかもしれません。知らんけど（笑）。

まあ、太りにくい体になったのはかつみさんが作った借金のおかげで、あの極貧生活が我々の根幹をなしているので、元はと言えばかつみさんのおかげですけどね。全部あなたの借金のおかげです。ありがとうございます……って、何でやねーん!!（笑）

美容に欠かせない良質なオイルがおすすめ

オメガ3とオメガ6だけでなく、オメガ9も入っている「カメリナオイル」。これを最後にかける。

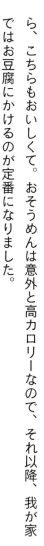

〝チリツモ〟は美容にもダイエットにも借金返済にも共通する!?

いろんな美容法がありますけど、私が一番感じているのは日々の積み重ねの凄さ。「チリツモ＝チリも積もれば山となる」ことってあるんだなと、50代になって実感しています。健康的な食事も、借金の返済もコツコツやっていくことが大切やな〜って。

おそうめんでも、お豆腐でも、最後に「カメリナオイル」をかけています。これは医師の友利新先生に教えてもらいました。昔はフライパンもテフロン加工で油を使わないようにしていましたが、年齢と共に体が油を欲しているのを感じるようになったんですよ。それに油は太るイメージでしたけど、カメリナオイルに出合い、良質の油は美容にいいことを実感しました。私は脳の認知機能と血流を良くしたいので、オメガ3を摂取したいのですが、このカメリナオイルにはオメガ6、9も入っている上に、加熱料理をしても効果が変わらないんです！　ですので、いろんな願いを込めて、いろんな食事にちょっとだけプラスして食べてます。例えば、納豆とかにもほんのちょっとだけ、ピッと。本当にちょっとしか入れられないんです。だって、お値段が高いですから（笑）。でも、これも〝チリツモ〟です!!

そうめんにも
ぴったり！

おそうめんにのせても美味。「冷製パスタ風になり、夏におすすめで〜す！」

ばじとうふ～馬耳東風

材料

ミニトマト　豆腐
きゅうり　バジルソース
青じそ

作り方

❶ **野菜を切る**　きゅうりは乱切り、ミニトマトは半分に、青じそは細切りにする。
❷ **材料をあえる**　ボウルに**1**を入れ、バジルソースを加えてあえるだけ。
❸ **豆腐にのせる**　器に豆腐を盛り、その上に**2**をかければできあがり。

ひとくちメモ♡

青じそとバジルの
さわやかなコンビがグ～
おそうめんもぜひ！

節約料理は何とか生きるための〝必死のパッチ〟やった！

お金を節約するのではなく、お金がなかったので、節約意識はゼロだった

いまでこそ、こうして私の料理を「節約レシピ」と言ってくださったり、大根の葉っぱや皮も使うので、SDGsだと言ってくださる方もいらっしゃいますけど、私自身は節約と思ってやってきたわけではありませんでした。皆さんもご存じの通り、かつみさんは結婚以前から1億7000万円もの借金があったので、生活はカツカツ。1億円を超えると利息を返すだけでも大変で、元金が減らないんです。だから、長い間、お給料が入っても手元にお金が残らない生活をしていたので、そうせざるを得ない状況だったんです。つまり、今日、何とか生きるために行う〝必死のパッチ〟（関西弁でこれ以上ないほど頑張っていること）だった

わけです。だって、あるお金を節約していたのではなくて、なかったわけだから（笑）。そういう生活のなかで生まれたメニューが、今回ご紹介した「節約レシピ」でした。

私のなかでは、まるでお笑いの大喜利みたいに「食材これしかないけど、どうする？」という状況で毎日、お料理していました。でも、こうして振り返ってみると、いろんな方に支えてもらってできていたんだな～と思いました。だって、０円レシピなんて、スーパーの店員さんや食材を送ってくださるロケ先で出会った方々のご厚意がなかったら、絶対にできないメニューですもんね。本当にありがたい。感謝やなって思います。ただ、大変な状況ではありましたが、それも考え方一つで変わると思うんです。しんどい、しんどいと思いながらやるか、楽しむのかで気持ちは全然変わります。私は大根の葉っぱを探したり、安い食材を探したりすることをロールプレイングゲームの感覚で楽しみながらやっていました。

この本でも使用しているＷｅｂ連載時の写真はかつみさんに撮ってもらっていたのですが、料理の写真を２人で見ながら、昔の食卓とは色合いが違うねとか、こんな食材使えるようになったんだね。感謝やな、ありがたいなということを毎回言い合っていました。撮影していて、一番ジーンときたのはやっぱり「もやしのせいろ蒸し」でした。今も思い出しながらウルウルしてますけど、連載のために撮った写真には、もやしだけでなく、豚肉もネギものってたんです。それを見て、２人でちょっと泣いたんですよ。だって、昔はもやしだけで、ちょっとネギが散らせたらいいなって程度でしたから。こうして、お料理を通して、自分たちの成長を感じることができました。おかげさまで数年前に借金返済の目処がたち、今は昔とは全く違う状況です。だから、今、しんどい思いをしてらっしゃる方もいると思いますが、お天気と一緒で、人生の天気も絶対に変わります。今日は雨でも明日は晴れる。しんどいこともずっとは続きません。一生懸命生きていたら必ず変わるから、楽しみに生きてください！と伝えたいです。

超節約レシピ

08 大根役者はモッチモチ

材料

大根	ごま油
豆腐	砂糖
片栗粉	しょうゆ
お好み焼き粉	桜エビ

作り方

❶ **大根おろしと豆腐を混ぜる** 大根約半分をすりおろし、水気を切る。そこに豆腐1/2丁を加えてくずしながら混ぜる。

❷ **片栗粉とお好み焼き粉を混ぜる** **1**に片栗粉大さじ3〜4、お好み焼き粉大さじ3くらいを入れてよく混ぜ、食べやすい大きさに丸めて形を整える。

❸ **焼いてタレをからませる** フライパンにごま油を熱し、**2**を両面こんがりと焼いたら砂糖、しょうゆを加えてからめる。器に盛り、桜エビをトッピング。

ひとくちメモ♡

お餅が食べたくなった時はこれ!
満足感があるのにヘルシー♡

「昔、ロケで香港に行った時に初めて食べたんです。すごくおいしくて、本当はおかわりしたかったんですけど、仕事だから無理で(泣)。それで帰国してから調べて作ってみたんです。お豆腐を入れるのは私のオリジナルです!」

超節約レシピ

09 カリッカリのもやしっ子

材料

もやし
片栗粉
白ねぎ
ごま油
A しょうゆ
A 調味酢（もしくは酢、砂糖）
A ごま油
A すりごま

作り方

❶ **もやしに片栗粉をまぶす**　ボウルにもやし1袋と小口切りにした白ねぎを入れ、全体に片栗粉をまぶして混ぜる。

❷ **押さえつけながら焼く**　フライパンにごま油を熱し、1を適当な大きさに薄く広げてフライ返しで押さえながら両面にこんがりと焼き色がつくまで焼く。

❸ **タレを作る**　Aを混ぜ合わせてタレを作る。しょうゆと調味酢は同量くらいが目安。

ひとくちメモ♡

白ねぎはあればでOK
もやしだけで十分おいしい！！

「片栗粉と一緒に焼いてみたらおいしくて。チヂミのタレにつけたらおいしそう！と思ったので、タレは似せて作っています。ごま油を入れるとそれっぽくなるんです。フライ返しで押し焼きをするとカリカリでおいしくなりますよ。」

超節約レシピ

10 最近なますとうね

材料

大根　　りんご　　塩
にんじん　調味酢（もしくは酢、砂糖）

作り方

❶ **材料をすべて細切りにする**　大根、にんじん、りんごは細切りにする。
❷ **塩をふって軽くもむ**　大根とにんじんは軽く塩をふり、しんなりしたら水気を切る。
❸ **調味酢で和える**　**2**とりんごに調味酢を加えて味をなじませればできあがり。

ひとくちメモ♡
秋はやわらかくなった柿を使うことが多いですね！

「神戸弁で「最近なまっとるで！」をアレンジしたネーミングです。叔母の家で柿バージョンを食べたら、とてもおいしかったんです。やわらかい柿が苦手なかつみさんもこれだと食べられるんです。柿がない時期はりんごで作ってます。」

♥さゆりの思い出&愛用品

かつみ♥さゆり家のキッチンはピンクとハートがいっぱい！　大好きなピンクに囲まれながら料理をし、かつみさんへの気持ちが形になったハートのお皿で食卓へ運んでいるのだ！

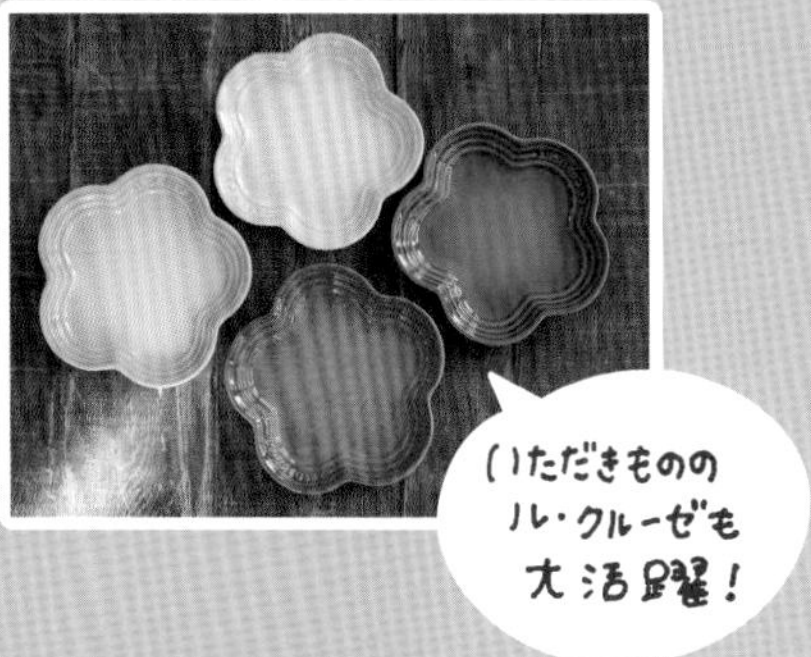

食卓がパッと華やぐ器

なかには27年もののお皿も！　いただきものの花型のお皿など、食卓を楽しくしてくれる食器が大好き。漫画調は一目惚れして即買い！

絶対捨てられない!!
同棲時代からの愛用品

同棲時代に購入したもの。当時、お金がなく高価な品だったけど、どうしても欲しくて奮発して購入。愛着があるから、今もキッチンのコンロの奥に飾り、見守ってもらっています。

電子レンジ調理はこれにお任せ!

出演する「ほのぼの茂」（朝日放送テレビ）で出合った電子レンジ対応の2品。どちらもそのまま食卓に出せるのがうれしいポイント。

今はなき、
名(迷!?)店の器たち

泣く泣く閉店した「ボヨヨンスイーツガーデン」のオリジナル食器も愛用中。「ボヨヨンラーメンウマインジャー」も忘れてませ～ん（笑）

キッチンも
大好きなピンクまみれ

ハートやピンクのアイテムは見つけるとつい購入。バーミキュラのオーブンポット、SHARPのヘルシオ、アラジンのトースターは取材きっかけで使い始め、めっちゃ重宝してます。

LESSON
02
代用品で安く手軽に!
超アイデアレシピ

買いたくても買えない、食べたくても食べられない……。
ないことから生まれるアイデア満載のレシピ。しかも体にもいいのがさゆり流です。

超アイデアレシピ 01

疑惑のうな疑丼

筒状のちくわが、ちょっとの工夫で見事な〝うな疑〟に！

うなぎの「ぎ」が疑惑の「疑」になっていて、正体はちくわです（笑）。だから魅惑でなく、〝疑惑のうな疑丼〟なのです。でも、写真で見るとうなぎでしょ!? 味もおいしくて、ちくわだから甘みがあるんです。もしかするとお子さんは、本物よりもこっちの蒲焼の方が好きかもしれないですよ！

ちくわの端っこを切って開いた後、クルッとならないよう内側に何本か包丁で切り込みを入れます。それでもクルッとなるようなら、逆に巻いてラップをし、電子レンジでちょっとチンしてください。そうしたらキレイに開きます。年末年始に恒例のくるくる巻かれたカレンダーを、逆に巻いてまっすぐさせるのと同じです（笑）。

私は電気屋の娘だったので、冬休みになったらお客さま用のカレンダーに店のハン

ちくわは子どもの頃から
慣れ親しんだ食材。

コを押して、クルクル巻いて筒に詰めるのが幼稚園ぐらいからの仕事でした。冬休みの楽しみの一つだったんですけど、ちくわが元に戻ってしまった時に「あ、あれだ！」と思い出してやってみたんです。おかげで、うちの〝うな疑〟はすごくきれいに真っ直ぐです（笑）。

ちくわの端っこで肝吸いも！ 完璧な〝うな疑丼〟セットに

ちくわをこんがり焼いたら砂糖、しょうゆ、あれば、みりん、酒で味つけします。砂糖としょうゆだけでもいいですが、最後にこだわりがありまして。ジャジャーン！市販のうなぎのタレです（笑）。これを最後に〝うな疑〟にひとふりして、ごはんにもかけます。これだけで、もう疑惑じゃなくなります！

うなぎ丼にはだいたい肝吸いがセットなので、ちくわの端っこを入れた肝吸いの代わりも作ります。今回は三つ葉とゆずも入れて豪華にしましたけど、昔はちくわだけでした（笑）。でも、お味は最高です。そこに卵を落とすのですが、あまり火を入れ過ぎず、箸を入れると黄身が出てくるぐらいにしておくと、ちくわと黄身がちょっとトロッとなって肝っぽくなるんです。卵が1個しかない場合は、かつみさんにあげます。卵を落としたのは、偶然でした。実はうちの母親がお吸い物に卵をポンと入れる人だったんです。お箸を入れると黄身がふわ～と広がるぐらいのやわらかさになっていて、子どもの頃からそれが好きだったんです。ですから、お吸い物には1人一つずつ卵が入っているというイメージだったので、この肝吸いを作った時も何も考えずに

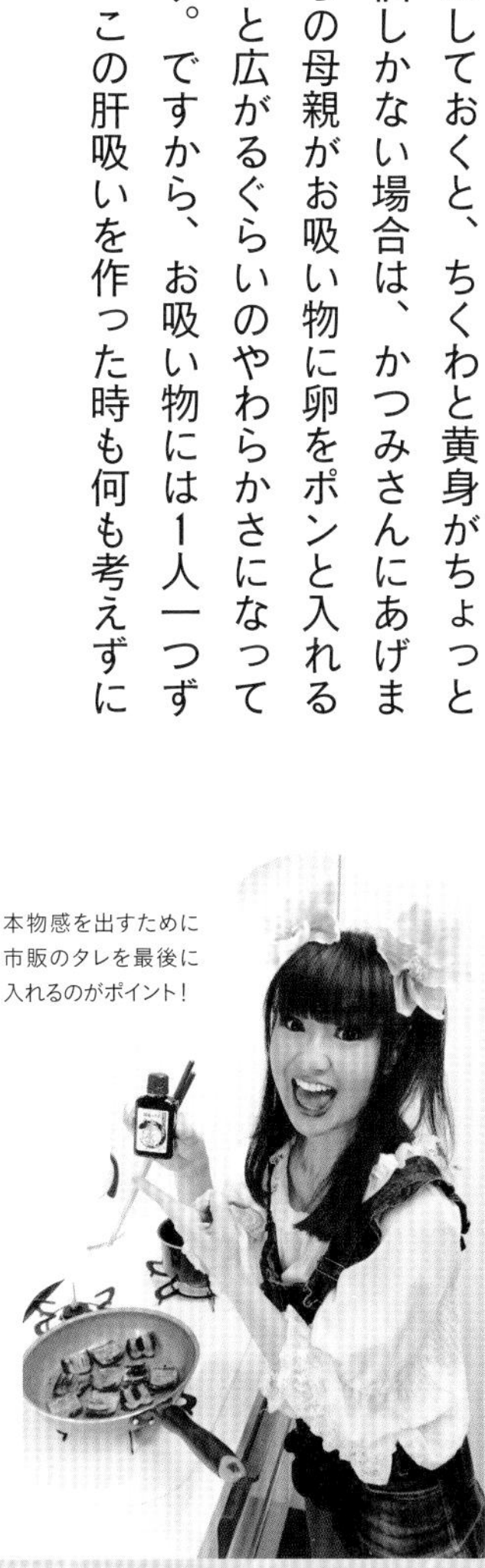

本物感を出すために
市販のタレを最後に
入れるのがポイント！

こんがりと焼き色をつけ、砂糖としょうゆで
味つけ。この照りが食欲をそそる。

ちくわの内側に切り込みを入れる
ことで反り返らず、まっすぐきれい
な“うな疑”を作ることができる。

卵を落としたんですよ。そうしたら、食べた時にうなぎの肝っぽいなと思ったので、定番になったんです。だから、偶然の産物なんです。

ちくわは、食べた感が得られるタンパク質のかたまり！

〝疑惑のうな疑丼〟を初めて作ったのは、同棲時代でした。今でこそ、ちくわでうなぎ丼を作る方は多いですが、もう30年ぐらい前の話なので、私、最先端やったんと違うかな。もっと発信力があったらよかったのに〜とも思いますが、当時から当たり前のように作っていました。

人間ってタンパク質があると〝食べた感〟を得ることができるので、ちくわやソーセージは普段からよく使います。それに、母親がちくわをマヨネーズで焼いて、青のりをかけたものをよくお弁当に入れてくれていたので、元々慣れ親しんだ食材でした。ちくわは味が淡白でチーズでも何でも合いますから、いろいろアレンジしています。サラダでもいけますし、スライスした玉ねぎと合わせてポン酢で食べるのもおいしいですよ♡

かつみ♥さゆり家の究極のうなぎ丼は、タレをかけるだけ！

ちくわがあると〝うな疑丼〟にできるんですけど、本当に何もない時の最終形態は、うなぎのタレをかけただけのごはんになります。私はそれも「うなぎ丼でーす！」と食卓に出します。だから、かつみさんにとっては、具が何もないのもうなぎ丼だし、

肝吸いには卵を入れ、とろりとした半熟にすることで肝っぽい食感に。

木の芽を添えれば、高級感がグッと出る。

ちくわの時もうなぎ丼だし、本物もうなぎ丼。どれもうなぎ丼（笑）。ただ、私のなかでちくわの時は、〝うな疑〟ですけど（笑）。

かつみさんは味オンチなので、〝うな疑〟だと全然気づかずに食べていたと思います。たぶん今でも〝うな疑〟と本物のうなぎを並べても、どっちが本物かわからないんじゃないかな？と思います。私もあえて言いません。「今日はうなぎ？」と聞かれたら、〝うな疑〟の時でも「そうよ」と言います（笑）。うなぎのタレをかけて山椒の粉をふり、木の芽を添えたら、もう本物ですから！

かつみさんはタレだけの時も、文句を言わずに食べてくれます。このタレだけバージョンはいろいろあって、焼肉のタレとかしゃぶしゃぶのタレの時もあります。タレは本当に偉大です。この間、タレで有名な創味食品さんにロケに行ったら、お土産にいろいろくれはったんです！　本当にありがたい！　我が家は今日も企業さま、そしてロケに生かされております（笑）。

「かつみさんは『うなぎや～』と、喜んでくれます♡」

疑惑のうな疑丼

材料

ちくわ
砂糖
しょうゆ
みりん
あれば酒
うなぎのタレ
ごはん
粉山椒
あれば木の芽

作り方

❶ **ちくわを切る**　ちくわの端5㎜くらいを切り、肝吸い用に残しておく。残りは半分に切り、縦に包丁を入れて開く。内側に2～3㎜幅で切り込みを入れる。まっすぐにならない時は、ラップで逆向きに包み電子レンジで10～20秒ほどチン。

❷ **こんがり焼き味つけ**　フライパンでちくわに焼き色がつくまで焼いたら、砂糖、しょうゆ、みりん、あれば酒を入れて甘辛く味つけ。最後に市販のうなぎのタレをひとかけすると、本物感がアップ。

❸ **盛りつけ**　器にごはんを盛り、うなぎのタレをかけて"うな疑"をのせる。粉山椒をふってできあがり～。あれば木の芽を飾っても。

ひとくちメモ♡
ちくわは両面こんがり焼いて、タレをしっかりからめて!

肝の据わってないおすましさん

材料

ちくわの切れ端
卵
顆粒和風だし
しょうゆ
塩
あれば三つ葉、ゆずの皮

作り方

❶ **だし汁にちくわを入れる**　鍋に水、顆粒和風だし、ちくわの切れ端を入れて火にかける。

❷ **味をととのえる**　ひと煮立ちしたら味見をし、塩やしょうゆで味をととのえる。

❸ **卵を割り入れる**　肝のトロッとした食感が出るよう、卵を割り入れ、白身がかたまったら火をとめる。器に盛り、あれば三つ葉とゆずの皮を添える。

超アイデアレシピ 02

なんにも千枚漬け。しかし、みかんの大器

料理名は、〝なんにも千枚漬け。しかし、みかんの大器〟。その心は？

かつみさんは8歳まで京都に住んでいて、お歳暮などでいろいろと届くなかにあった千枚漬けを食べさしてもらってたみたいです。それがかつみさんの故郷の味らしく、昔からお漬物が大好きなんです。なかでも千枚漬けが一番インパクトあったみたいで、「千枚漬け食べたい」ってよく言ってます。でも、あれ、めっちゃ高いんですよ！　5枚ぐらいしか入ってないのに1000円ぐらいするんです。かぶでしょ!?どうして？と思うんですけど、手間ひまかけて、きれいに仕上げられているんですよね。でも、やっぱり高いので、私はかつみさんのために手作りしています。

ただ、そこはさゆり流。手間ひまかけずに見よう見まねで作ったものなので、料理名は〝なんにも千枚漬け。しかし、みかんの大器〟です。なぜかというと、かつみさんは京都から和歌山に引っ越していて、おみかんで育っているから。それにゆずは高いけれど、おみかんならリーズナブル！　皮と、ぎゅっとしぼった果汁を入れるのがうちの千枚漬けで、作り方も超簡単です。

材料に塩昆布を使うことで、作るのがとっても簡単に！

本物は多分、利尻昆布とか高い昆布を使ってはると思うんですけど、私は塩昆布を使います。あの細切りのやつ。お漬物には塩も使いますけど、昆布についているから、これだけでいいんですよ！　切ったかぶら（かぶ）と塩昆布、おみかんの皮としぼり汁を和えたものを保存袋に入れ、そこにお酢と砂糖を加え、置いておくだけでできちゃう！　私は大根で作ることも多いです。

本物の千枚漬けのやわらかい感じに近づけたいので、先にかぶらに塩をして、10〜15分ぐらい置いておきます。すると水が出てくるので、それをしぼってから使います。そうすると、もはや売り物ちゃう？と思うぐらいのやわらかさになるんです。かつみさんは本場の千枚漬けより、こっちの千枚漬けの方が好きだと言ってくれます。

ロケで出会った魔法のお酢を使うだけで、味も失敗なし！

以前はお酢と砂糖を適当に入れて作っていたんですけど、令和になりまして、トキ

「かぶの葉は捨てずに炒め物にします。捨てるところなんてない！」

市販の千枚漬けと同じくらいの薄さにカットするのがポイント。

ワさんの〝べんりで酢〟を使うようになりました。これは20年続けている「せやねん!」（MBS）という番組内の「メチャ売れ!!」というコーナーで出合った商品で、もう私、大絶賛で!

ごはんにかけるとおいしい酢飯になるし、きゅうりとタコの酢の物もこれをかけるだけでできちゃう魔法のお酢なんです。リンゴ酢や昆布エキスも入っていて、酢の物も米倉涼子さん並みに失敗せずに作れます。この私が珍しく箱買いしている商品です。インスタグラムのコメントで目分量だとわからないとおっしゃる方もいらしたんですけど、料理が苦手な方とか、時間の節約をしたい方に、本当に〝お酢すめ〟ですよ!

束の間の借金12億円……!? 心が折れた思い出

かつみさんは、玄関にお歳暮が並んでいた光景をおぼろげに覚えているそうです。8歳まではお坊ちゃんで、そこから追われるように出てからはド貧乏だったらしいんですが、昔からお漬物が好きなので、「三つ子の魂、百まで」って本当なんだなと思います。

かつみさんのお父さんは結構大きな会社をされていた方で明治生まれの人。大河ドラマにもなった渋沢栄一さんにも愛人さんがたくさんいはったらしいので、当時の成功者はそれが当たり前だったんだなと思いました。だって、愛人さんの家の面倒も見てあげるわけだから、女好きとかだけじゃないですよね。だから、大河ドラマを見ながら、こういうことなのかな?と思い、かつみさんと「お父さんのイメージ、ちょっと上がったね」と話してました（笑）。

みかんの皮を細切りにしたら、実は料理の合間にぱくりと!

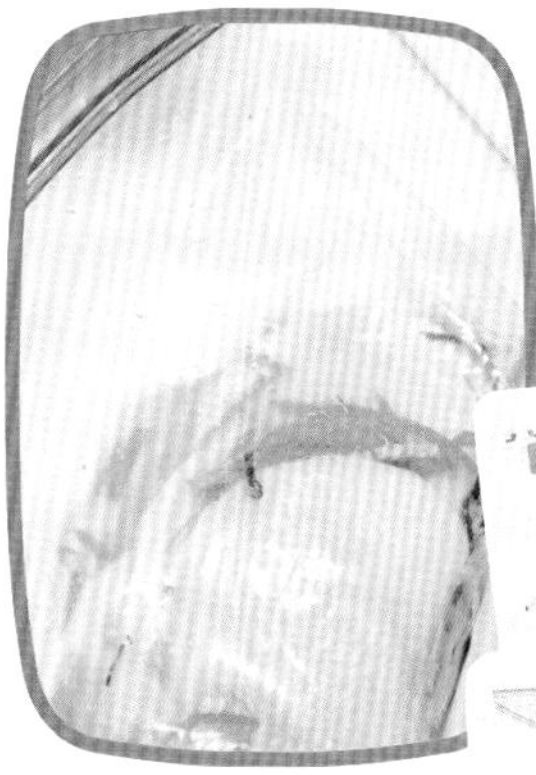
保存袋に材料をすべて入れて味をしみ込ませる。

味つけの決め手は塩昆布。手間いらずでおいしくなる。

かつみさんのお父さんといえば、亡くなってから10年ぐらい経った時に京都の銀行から手紙が来て、10億円の遺産を受け取れるのかと勘違いして大喜びしたことがありました。借金が2億円ぐらいに膨れ上がっていた時だったので、かつみさんはあんなに跳び上がったのを見たことないってぐらい跳び上がりました。だって、天井で突き指したんですから（笑）。でも、珍しく私が冷静になって読んだら、お父さんが生前、保証人になった会社が倒産したので10億円払ってという内容で。負の相続ですね。あの時は、さすがのかつみさんも一瞬へこんでいました。

借金って、1億円を超えると金利がすごいからなかなか元金が減らないんです。2億円だけでも大変なのに、12億!? 正直、私は心が折れたんですけど、かつみさんは一瞬しかショックを受けない人なので、すぐに行動して相続を放棄できることになり、約3カ月後、2億円に戻りました。不思議なもので、12億円になったと思ってからの2億円やったら「返せる！」となったんです。全く同じ金額なのに見方を変えたら、考え方もしんどさも変わった。絶対返せる！ 返しますよ〜！と。そうして今のテンションになり、ここまで来ております（笑）。

かぶの葉はごま油で炒めて定番の「ゴマッた」に。

なんにも千枚漬け。しかし、みかんの大器

材料

かぶ　塩
みかん　調味酢（もしくは酢と砂糖）
塩昆布

作り方

❶ **かぶを薄く切り、塩もみ**　かぶを薄く切り、塩もみして10分ほど置く。水で塩を落とし、キュッと水分をひとしぼり。みかんの皮を細切りにする。

❷ **かぶと調味料を保存袋に入れる**　保存袋に1と調味酢（もしくは酢と砂糖）、塩昆布、みかんの果汁を入れる。しばらく置き、味をしみ込ませる。

かぶの葉のゴマッた

材料

かぶの葉　しょうゆ　砂糖
ごま油　すりごま　お好みで七味唐辛子

作り方

かぶの葉を刻み、ごま油を熱したフライパンで炒めて砂糖としょうゆで味つけ。すりごまをたっぷりかけ、お好みで七味唐辛子を。

ふとくちメモ♡
かぶらをやわらかくするために塩もみをしておくこと！

超アイデアレシピ 03

じゃがりコロッケ

いつも「じゃがりこ」をくれるファンから始まった、謎のお約束

こんな私にも生放送終わりに、局の前で待っていてくださるファンの方がいまして。その中にいつも「じゃがりこ」をくださる方がいらっしゃって、武藤さんとおっしゃるのですが、私は感謝を込めて〝じゃがりこちゃん〟と呼ばせていただいています。この方がきっかけで、ほかの方からもいただくようになったんです。おそらく、もらった時に私が喜んで「めっちゃ助かる!」と言ったから、純粋に好きなんだろうと思われたんだと思いますが、実はお料理に使っていました。今回使った「じゃがりこ」も、そんなファンの方にいただいたものです（笑）。

「じゃがりこ」で作るコロッケのタネに、老舗の味をプラス!

ファンからの差し入れやケータリングでいただくお菓子を料理に活用。「好きな味で作ってね」

お料理名は「じゃがりこ」で、昔からそう呼んでいます。まず、「じゃがりこ」はマッシュ状につぶしていくんですけど、こんな簡単なことなくないですか？　この時、様子を見つつ、水分量を多めにするとコロッケがおいしくなります。一番使いやすいお味は定番のサラダですが、最近はいろいろな種類があるので、それによって具と味が変わって面白いです。

天下のカルビーさんのお味なので、間違いなしの失敗なしです！　プラス私はそこに、調味料を少々加えています。大阪にすっごくコロッケが有名な中村屋さんというお店があって、初めて食べた時はあまりのおいしさにびっくりしました。ちょっと甘くて、ソースをつけなくてもそのままでおいしいんです。それで、その中村屋さんの甘みに近づけたいので、マッシュにしたタネにちょっとのお砂糖と顆粒コンソメを入れるんです。かつみさんははっきりした味が好きなので、しっかりめの味つけになってます。

めんどくさいから生まれた、ヘルシーでお手軽な独自の〝衣〟

ここからがポイントなんですが、衣をつける工程ってめんどくさいじゃないですか。それと私は美容にもこだわっているので、油で揚げずにうすあげを使うんです。半分にカットして、いなり寿司の要領で中に「じゃがりこ」で作ったタネを入れるんですけど、この時にうすあげをクルッとひっくり返して、油の面を内側にするんです。

なぜそうしたのかは昔過ぎて自分でも覚えてないんですけど、もしかしたら、表バージョンもやってみて、結果的にこっちの方が好きだったから、裏表が定番になったの

大阪の有名店「中村屋」のコロッケに近づけるために、砂糖と顆粒コンソメをプラス。

かもしれません。これを少量の油で焼くと中はジューシー、外はカリッとになるんですよ。端っこのところがカリカリになって、そこもおいしいですよ！

じゃがりこ1個分でもお腹にがっつり来るのですが、たまに2個分作ることがあり、タネが残ることも。それはポテサラにします。新たに編み出した技で作ったら、めちゃくちゃおいしかったので聞いてください！

にんじんのグラッセを作った時のアレが、いつものポテサラの旨みを増大

コロッケに添えるにんじんのグラッセ。これも作るのは簡単で、バンバンバーンと切ったにんじんを耐熱容器に入れて、そこにバターと砂糖を加えて4分レンジでチンするだけなんですけど、その時、耐熱容器にバターと砂糖とにんじんの旨みが出たお汁が残るんです。そこにコロッケのタネの残りを入れて混ぜるとグラッセの甘い味がうつって、よりおいしくなったんです。それにきゅうりとにんじんを切ったものを放り込んで、マヨネーズを入れたら、いつも以上においしいポテサラができました！

ポテサラこそ、「じゃがりこ」で作るべきですよね。絶対ラクですから！「じゃがりこ」で作ったポテサラの完成品を食卓に出すと、かつみさんは「じゃがりこ」製とは気づきません。安定の〝かつみさんはわからない〟シリーズの一つです。「今日のやつ、おいしいなー」って言ってましたけど、そりゃそうよ。元はカルビーさんのお味だもの（笑）。

つけ合わせのにんじんのグラッセはかつみさんの大好物！「もっとないの?」と聞いてくるくらい、大好きなんだとか。

うすあげを裏返すことで、カリッと食感になりコロッケっぽさが増す。

「じゃがりコロッケ」を作りながら感じる、多くの方へのありがたみ

「じゃがりコロッケ」を作り始めたのは〝じゃがりこちゃん〟にもらうようになってからなので、2000年以降なのは間違いないですが、いつからかは正確に覚えてないです。「じゃがりこ」って楽屋のケータリングにある率がすごく高いので、ある場合はいただいて帰るので、家に「じゃがりこ」があることが多いんですよ（笑）。

今回はこの場をお借りして感謝の言葉を……。いつも「じゃがりこ」をくださるファンの皆さま、そしてケータリングを用意してくださるスタッフの皆さま。私とかつみさんは、皆さまのおかげで生きています！ 私たちの食生活を支えていただき、本当にありがとうございます！ おかげさまで、今はきゅうりやにんじんも入れられるようになりました。本当に幸せです～！

Web連載で料理の写真を撮るようになって、今はこんなに彩りを加えた食事ができるようになったことに気づき、「本当に感謝やな～」とかつみさんと話しています。写真を撮るから、変化していることを実感できるんですよね。昔はお料理に色がないぶん、折り紙で鶴をつがいで作って食卓に置いてみたりしていたんですけど、今はお料理そのものに赤や緑などの食材が入れられる。借金を返済しながら安定した生活を送れているのは、皆さまのおかげです。本当に感謝、感謝です！

残り野菜を加えて じゃがりこポテサラに

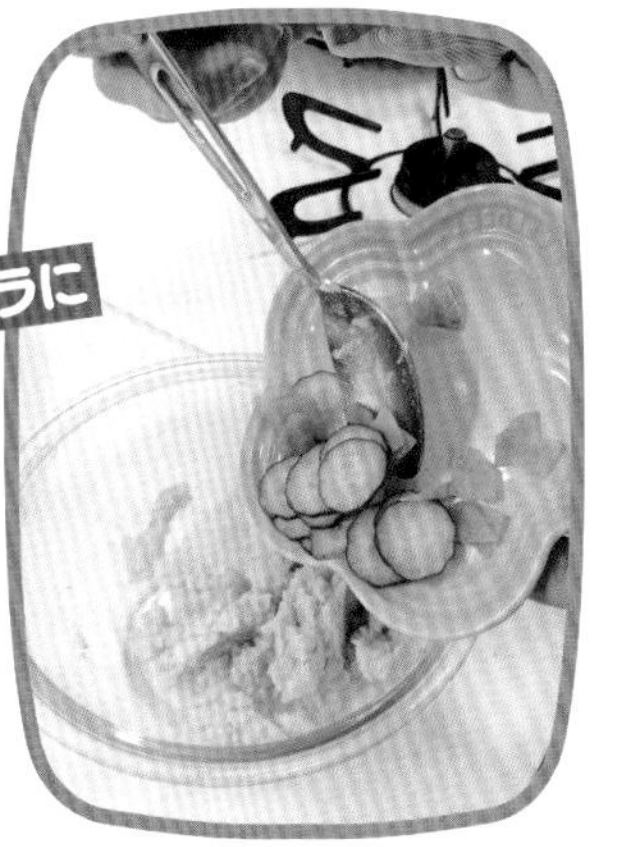

グラッセを作ったボウルでポテサラを作ると旨みがアップ。クオリティが高くなる。

じゃがりコロッケ

材料

好みの味のじゃがりこ	顆粒コンソメ
お湯	うすあげ
砂糖	オリーブ油
お好みの野菜	

作り方

❶ **じゃがりこにお湯をそそいでつぶす**　じゃがりこを耐熱容器に移し替えてお湯をそそいで、スプーンでつぶす。少しやわらかめがおすすめ。

❷ **味つけ**　砂糖と顆粒コンソメを少々入れて、混ぜる。

❸ **うすあげで包んで焼く**　うすあげを半分に切り、裏返す。**2**をつめて爪楊枝でとめ、オリーブ油を熱したフライパンでこんがり焼いたらできあがり。ブロッコリーなどお好みの野菜を添えても。

ふとくちメモ
じゃがりコロッケは
両面に焼き色をつけて、
カリッとさせて！

じゃがりこポテサラ

材料

じゃがりコロッケのタネ	にんじん
きゅうり	マヨネーズ

作り方

余ったじゃがりコロッケのタネに、薄切りにしたきゅうりとにんじん、マヨネーズを加えて混ぜるだけ。にんじんグラッセを使った耐熱容器を使うと、甘い味がうつりおいしい！

にんじんのグラッセ

材料

にんじん　砂糖　バター

作り方

棒状に切ったにんじんと砂糖、バターを耐熱容器に入れ、電子レンジで4分加熱したら完成。

超アイデアレシピ
04
ナースはもち揚げ上手

かつみ♥さんの好物「ナスの揚げ浸し」の進化バージョン爆誕！

「ナースはもち揚げ上手」は、かつみさんが大好きなナスの揚げ浸しに揚げたお餅も入れたら超絶おいしくなったというメニューです。作る時のポイントは「ちょっと揚げて、長〜く浸して」。大原麗子さんの口調で色っぽく言ってください（笑）。

以前、連れて行ってもらったお店で食べた揚げ餅入りの揚げ浸しがおいしかったので、冷凍していた〝小餅〟で試してみたら、とんでもなくおいしくなったという1品です。特にナスの揚げ浸し好きのかつみさんが、止まらなくなっちゃって。「さゆりちゃん、おいしいわー」ってボウルを抱えたままバクバク1人でたいらげてしまいま

野菜は食べやすい大きさにカット。2色のパプリカで彩りよく。

した。私の分を残してもらえないぐらい1人で食べちゃうので、作る時は先につまみ食いをしておくようにしています。

タレはかつみ♥さゆり家定番の調味料を混ぜるだけ！

調味料は、我が家の定番「べんりで酢」としょうが、おしょうゆだけ。しょうがはチューブでOKです。「べんりで酢」がない場合は、お酢・お砂糖・おしょうゆをほぼ同量混ぜ合わせて、そこにしょうがを加えます。

我が家はしょうがでもにんにくでも全部チューブ。自分ではおろしません（笑）。味つけのポイントは、「べんりで酢」とお砂糖とおしょうゆを同量にすること。そして、チューブのしょうがはたっぷり！　かつみさんがたくさん入れてと言うので、多めにしてます。しょうがは体が温まって、健康にもいいですからね。

お正月の余ったお餅を揚げて、新たな1品に！

叔母のお友達がすっごくおいしい和菓子屋さんをしていて、毎年お正月にはそこのお餅をプレゼントしてくれるんです。ただ、お餅は大好きなんですけど、お雑煮やらきな粉餅やら食べていると、太ってしまうじゃないですか。だからお願いしてすっごくちっちゃい〝小餅〟にしてもらっていて、冷凍保存しています。でも、いざ撮影用に作ろうと思ったら、冷凍しておいた小餅が切れてしまっていて……。それでスーパーに探しに行ったら、「うさぎもち」さんの〝丸もち〟を発見。あるんですね〜、こうい

市販品に頼って時短でおいしく♡

「私のヒーロー、べんりで酢とチューブしょうが、だししょうゆを使います」

うちっちゃいのが！　でも、なかったら四角いのをカットしはってもいいと思います。
お正月のお餅って、結構余りますよね。それを素揚げして、油から引き上げるのと同時に、調味料を混ぜたタレのなかにドボンさせてください。

同棲時代から徐々に進化してきた、ナスの揚げ浸し

ナスの揚げ浸しは、番組の料理コーナーを担当していた時に小宮理実先生が「ナスとパプリカの揚げ浸し」を作ってくれはったのが最初。ナス以外は残り物の野菜を使って作り始め、そこからいろいろ自分なりに進化させて、一番豪華な時はパプリカの2色使い！　2色あると気持ちが上がりますよね〜。それにしても、うちって食卓も派手ですよね。落ち着かないですよね？（苦笑）　でも、最初は超シンプルなところから始まって、今はパプリカや揚げ餅にまでたどり着きました。徐々に進化してます。

揚げ餅は女性向きかな？と思ったんですけど、かつみさんも「こっちの方がいいわ」となりました。残り物のお餅があったから作っただけだったのに、揚げ餅入りの方がいいとなって、「餅ないの？　もうちょっとちょうだい」って言うから、残っている油で揚げ餅だけ作ったら、それはちゃうかったみたいで、揚げ餅だけ余っちゃいました（苦笑）。

なが〜く浸すと
おいしさ倍増

しっかりと浸して味をしみ込ませる。

野菜と小餅を素揚げして、どんどん調味液につけていくだけ。

60歳のかつみ♥さんもやみつきに！

かつみさんはそんなにバクバク食べるタイプじゃないんですけど、ナスの揚げ浸しは大好き。この「ナースはもち揚げ上手」もバクバク食べちゃいます。男の人って、揚げ浸し系が好きなイメージがありますけど、かつみさんは年齢を重ねるごとに好きになってきました。

よく若いと言っていただけますが、かつみさんももう還暦。59歳の誕生日には、年金を65歳でもらうのと75歳まで延ばすのとどっちが得かを計算してました（笑）。それで早めにもらうことにしたらしく、「俺、65歳で年金もらうで、さゆりちゃん」って言ってました。でも、かつみさんは100歳まで生きると思います。怖いぐらい、どっこも悪くないですから（笑）。

やみつきになる
おいしさ

かつみさんもイチオシ！
餅が入っているから食べごたえも十分。

ナースはもち揚げ上手

材料

ナス
パプリカ
ししとう
小餅
調味酢（もしくは酢、砂糖）
しょうゆ
おろししょうが（チューブ）
サラダ油

作り方

❶ **野菜を切る**　ナス、パプリカを食べやすい大きさに切る。ししとうはへたをとる。

❷ **調味液を作る**　ボウルに調味酢、しょうゆ、おろししょうがを入れる。おろししょうがはたっぷりと入れて。

❸ **材料を揚げて浸す**　鍋にサラダ油を熱し、野菜と餅を素揚げにする。揚げたらすぐに調味液に浸す。餅を最後に揚げるとかたくならない。

ひとくちメモ♡
ナスとパプリカ以外はお好みの野菜でOK。
なが〜く浸してね♡

超アイデアレシピ 05

す〜ピーマン

ピーマンだけのシンプルだけど、おいしくて簡単な最強メニュー

スーパーマンくらい最強のメニューです。メイクをしてもらいながら料理名を考えていたんですが、若いヘアメイクさんに「あれは何だ！　鳥か！　飛行機か！　スーパーマンだ！　いや、スーピーマンだ！」って言ったら、「何ですか？　それ？」と言われてしまって。20代の子は映画「スーパーマン」のセリフがわからないんだな……と思って、料理名を「す〜ピーマン」にしました。時が止まりがちなんですよね、私(苦笑)。

気を取り直して……。見た目はピーマンだけですけど、これは簡単・やみつき・どうにも止まらないやつです！　ピーマンを粗めの細切りにしてごま油で炒め、「創味シャンタン」とフジッコの「塩こんぶ」で味つけ。最後に長生きしたいので、すりご

「子どもの時から大好きなフジッコの塩こんぶとピーマンの相性は抜群です」

まをちょっと散らしてできあがり。ロケで出会った100歳のおじいちゃまがすべてのおかずにごまをかけていらっしゃったので、それにあやかって我が家でも何にでもごまをかけています。これは誰が作っても間違いないメニューです。私は創味シャンタンを使っていますけど、お好きな調味料を使っていただいて大丈夫です。

故郷・神戸発のフジッコ「塩こんぶ」との縁

欠かせないのは、フジッコの「塩こんぶ」！　あの「塩こんぶ」がまとっている粉は、「ハッピーターン」のパウダー並みに魔法の粉なんですよね。フジッコは地元・神戸の会社なので、私はフジッコで育ちました。たとえば、小さい頃はお弁当に入っているおにぎりの一つが必ずフジッコの「純とろ」（とろろ昆布）で巻かれていて、しかも中身は塩こんぶ入りのごはんだったんです！　フジッコ、ダブル！　私は好きなものを最後に食べるタイプだから、いつもそれを最後の楽しみにしていました。

そういえば、いつも行かせていただいている企業ロケでフジッコさんにお邪魔したら、幼稚園、小学校、中学校が一緒だった紀井君が、お偉いさんになってたんですよ！　しかも紀井君は「塩こんぶ」の担当部長なので、余計にもっと食べてあげないと！ってなって、いっぱい食べています（笑）。

「塩こんぶ」はいろんなお料理に使えて便利。いわゆる旨み成分が入っていて、ちょっと入れるだけで味に深みを与えてくれます。顆粒中華だしと塩こんぶ、どちらを先に

ピーマンは細切りに。
「2袋分はペロリと食べられちゃいます」

入れてもいいですが、先に入れる方の量を控えめにして、徐々に味をととのえるといいと思います。どちらもたくさん入れてしまうと、しょっぱくなっちゃうので。

いつから作っているのか記憶にないくらい、昔から作り続けているメニュー

ごま油と顆粒中華だしと塩こんぶの味つけは、何にでも合うと思います。キャベツだったらいわゆる無限キャベツになるし、野菜の残りものでも簡単にプラス1品できちゃいます。そうだ！　ピーマンで作る時だけは、オイスターソースを隠し味で入れています。何でかわからないんですけど、ある時は必ず入れます。さらにおいしくなるんです！　うちは私もかつみさんもお酒を飲まないけれど、たぶんお酒のアテにも合うと思いますよ。

いつから作っていたか記憶にないぐらい昔から作っているのですが、ピーマンしかなくても1品できちゃうので、ちょっとでもピーマンが残っていると作ってしまいます。といいつつ、ピーマン2袋分作っても食べ切るぐらい大好きなんですけどね（笑）。野菜炒めより簡単なのに、無限に食べられますし、これを食べていたら、お子さんもピーマン嫌いにならない気がします。私は「す～ピーマン」を作るようになってから、このためだけにわざわざピーマンを買うようになりましたから。

オイスターソースを隠し味にする理由とは……

オイスターソースが隠し味。中華風のおかずに。

軽快に炒める姿はプロっぽい!?

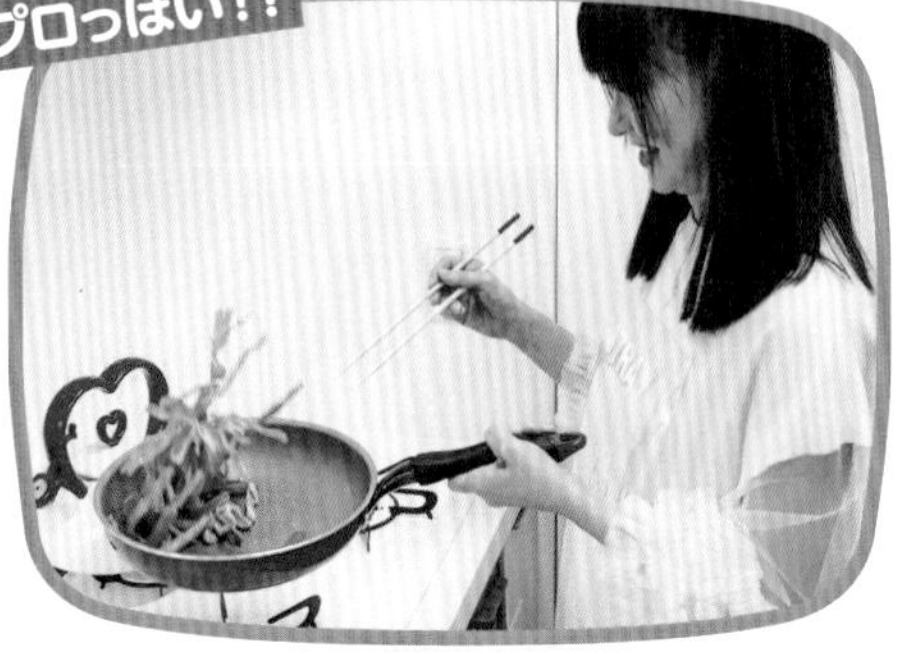

ごま油でピーマンは炒める。シャキシャキ感が残るくらいがちょうどいい。

ピーマンを細切りにするのって、チンジャオロースがおなじみだと思うんですけど、私が小さい頃にはなかったんですよね。青椒肉絲ってどう読むの?っていう時代でしたから。たぶん「クック ドゥ®」さんとかが始めて、お茶の間に広まったんだと思うんですけど、それを見た時に細切りのピーマンと細切りの肉でできるのね、へぇ~とインプットされたんだと思います。でも、お肉があまり買えない時代だったので、肉を省いて作ったのが「す~ピーマン」でした。

あ! だから、オイスターソースを入れるんだ! 「す~ピーマン」にはオイスターソースを入れるのがお決まりだったんですけど、自分でもどうしてか謎だったんです。そうか、チンジャオロースが起源だったからだ。なるほど~。たった今、判明しました(笑)。

オイスターソースは基本的には中華系のお料理に入れると思いますが、私は和洋中、どのお料理でも入れちゃいます。オイスターソースって、ほんのちょっと入れるだけで味に幅が出る気がするんですよ。味が複雑になって、旨みが増すというか。だから、炒め物でも汁ものでも入れちゃいます。ただ、お値段が高いので本当にちょっとだけです。でも、あると毎回使ってしまって、すぐなくなってしまうので、家にはないことの方が多い、貴重な調味料です。

そういえば、オイスターって牡蠣ですよね。実は私、牡蠣で過去に3回、救急車で運ばれているんですよ。どうも生がダメみたいで。でも、牡蠣は嫌いじゃないので、体がオイスターソースを欲しているのかもしれないです(笑)。

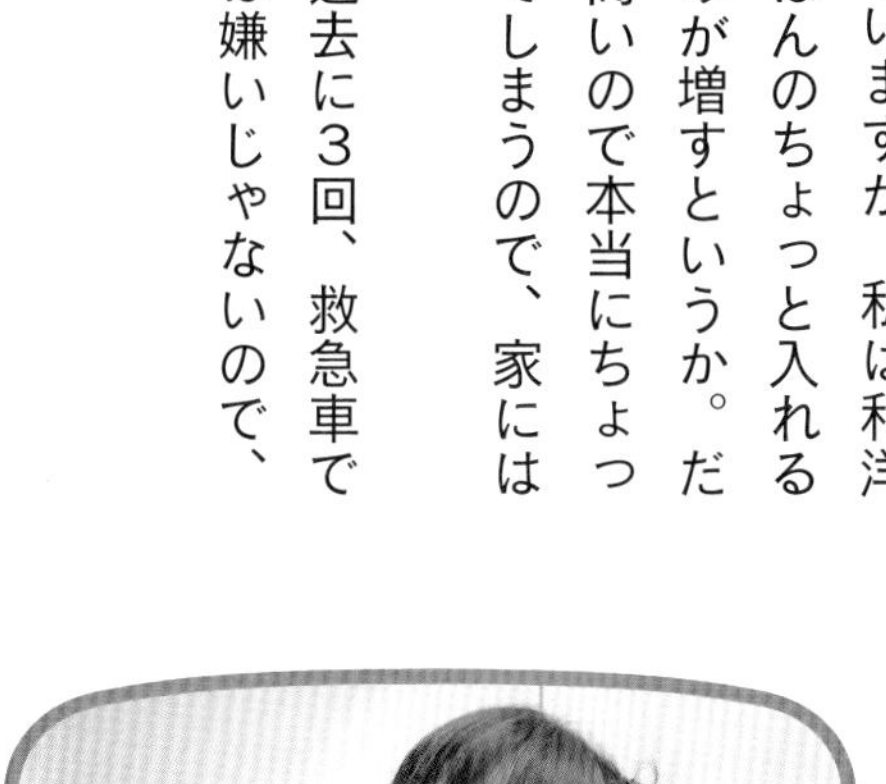

箸が止まらない病みつきになるおいしさ!

何にでもごまをかけちゃいます

「長寿のおじいちゃんを見習って健康のためにすりごまをふりかけます」

す〜ピーマン

材料

ピーマン
塩昆布
顆粒中華だし
あればオイスターソース
ごま油
すりごま

作り方

❶ **ピーマンを切る**　ピーマンは種をとり、細切りにする。
❷ **炒めて味つけ**　フライパンにごま油を熱し、ピーマンを炒める。顆粒中華だしとあれば少量のオイスターソースを入れて味つけ。塩昆布を加える分、薄味にしておくといい。
❸ **塩昆布を投入**　最後に塩昆布とすりごまを入れて混ぜ合わせたらできあがり。

ふとくちメモ
塩昆布の塩味を考えて、中華だしは控えめにするといいですよ。

超アイデアレシピ

06

酢・鶏モモ・桃のうち

桃の缶詰とシロップ、バルサミコ酢で高級料理に！

「酢も鶏モモも桃のうち」は聞いた感じ、「え？」ってなると思います。見た感じも「ホント？」と思うかもしれないですけど、なんと、桃の缶詰を使ってるんですよ。これ、本当においしいんです！

鶏モモちゃんをたっぷりのバターと、チューブのにんにくでこげ目がつくぐらいジューッて炒めたところに、バルサミコ酢と桃缶のシロップとおしょうゆを混ぜ合わせたソースを入れて煮込みます。このソース、シロップだけでなくおしょうゆも大事なポイント。物足りないと思ってオイスターソースとか、いろいろ試しても味が決ま

らなかったんですけど、おしょうゆってすごいですね！　少し入れるだけで、一気に味が締まっておいしくなりました。

連れて行っていただいた高級フランス料理店の味に一口惚れ

このソースは、鶏モモじゃなくてもイケると思います。エビは間違いなくイケます！と言いますのも、このモデルになった料理のメイン具材が、エビだったんです。私、大阪でロケタレをさせていただいておりますので、ロケでいろいろなお料理を食べさせてもらったり、かわいがってくださる食通の社長さま方に、個人では絶対に入れないようなお店にも連れて行っていただく機会が多くございまして。舌だけは肥えております（笑）。

ある社長さまに連れて行ってもらったフランス料理のお店で、桃のおいしい時期だけに作るという特別なメニューに出会ったんです。桃を丸ごと一つ使ったオマール海老のお料理だったんですけど、私はどちらかというとフルーツは生のまま食べたい派なんですね。アップルパイのアップルもあんまりだし、酢豚のパイナップルも昔はダメだったし、レーズンも干すより生がいいってタイプだったんですが、その桃のメニューは衝撃的においしかったんです！

好き過ぎる味だったんですが、とても自腹では行けないので、家で少しでも近い料理が作れないかと試行錯誤。その末にたどり着いたのが、この「酢も鶏モモも桃のうち」だったんです。本物はもっと繊細で、こんな大衆食堂みたいな仕上がりじゃない

桃の缶詰が高級料理に変身。シロップまで無駄なく使う。

んですけど、必死に頑張りました！　桃は、実験で使うぐらいなら普通に生でおいしく食べたいし、季節も限られるので、そうだ桃缶の桃を使おう！とやってみたんです。そうしたら、シロップも使わないともったいないなと思って……。

たまにカレーの隠し味にりんごをすりおろして入れるんですけど、それがない時はみかんの缶詰のシロップをちょっと入れるんです。そうすると甘辛のルーが簡単にできるんですよ。そこからの発想で「酢も鶏モモも桃のうち」でもシロップを入れてみようと。それでフランス料理屋さんで食べた時に、バルサミコ酢っぽい味がするなと思ったので、バルサミコ酢も入れることにしたんです。エビは……殻をむくのがめんどくさくて（苦笑）。それに、やっぱり鶏じゃないですか!?　女の子は鶏肉ですよ！

びっくりするぐらいおいしかったので、母親と叔母にも教えてあげました。叔母はエビで作ったそうで、「びっくりするぐらいおいしかったわ。絶対、おいしくないと思ってたわ、おばちゃん。疑ってごめん」と連絡が来ました（笑）。私はカロリーの高いものを食べる時は白米を控えておかずだけにするのですが、このメニューはパンにつけて食べてもおいしいかもしれないですね。

家では鶏肉を食べないかつみ♥さんと、インコのバーディー

ちなみにこのお料理、かつみさんは食べません。かつみさんは鶏肉をお仕事では食べますが、家では食べないんです。なぜかというと、かつみさんは私と暮らす前にインコを飼っていたんです。ゴルフ場に行った時に肩に乗ってきて、ゴルフをしている

ポリ袋に鶏モモ肉、おろしにんにく、塩、こしょうを入れてモミモミ。

鶏モモ肉はバターでこんがりと焼いて。

間ずっと乗っていたので、気にせずプレイしていたら、なんとバーディーがとれたそうなんです。そのまま家までついて来たので、バーディーちゃんと名付けて飼うことにして、「お前の名前はバーディーな」と言ったら「チャッピー」と答えたそうで、どうも元の名前がチャッピーだったみたいです（笑）。

とてもなついていて、部屋ではよくかつみさんの後ろをついて来ていたそうです。ある日、バーディーがついて来ていることに気づかずにドアをバンと閉めたら、ドアに挟まって死んでしまったらしく……。それが今でも悲し過ぎて、家では鶏肉を食べませんが、ロケでは仕事なので食べています。その時は、隣でボソッと「バーディーの匂いがする」って真剣な顔で言うので、悪いなと思いつつも笑ってしまいそうになります。

私は鶏肉が大好きだし、体にもいいのでかつみさんにも食べさせたい。だからかつみさんには、「手羽先のコラーゲンスープ」（90ページ）のようなお肉の原形を留めないお料理や、ささみをほぐして出すようにしています。かつみさんは安定の味オンチなので、ほぐした鶏肉を「豚だよ」と言うと、あの人にとっては豚になるんで（笑）。

鶏肉だとわかる「酢も鶏モモも桃のうち」は私1人で楽しんでいますが、そのうちエビで作ってあげたいと思っています。でも、エビって殻をむくのが面倒なんですよね。だから、まあ、エビはそのうち……。

焼いてソースをからめた鶏肉をボウルに移し、桃を加えてあえる。

酢も鶏モモも桃のうち

材料

鶏モモ肉	こしょう	しょうゆ
桃の缶詰	おろしにんにく（チューブ）	バター
塩	バルサミコ酢	あればドライパセリ

作り方

1. **鶏肉に下味をつける**　ポリ袋に鶏モモ肉、おろしにんにく、塩、こしょうを入れてもみ込む。
2. **ソースを作る**　桃の缶詰を開け、シロップと桃に分ける。桃は一口大に切る。シロップとバルサミコ酢をほぼ同量、しょうゆはそれより控えめにして混ぜ合わせソースを作る。甘めにしたい時はシロップ多めにするなど、お好みに合わせて。
3. **鶏肉を焼く**　フライパンにたっぷりのバターを入れ、中火くらいで鶏肉を焼く。両面がこんがり焼けたら**2**のソースを加え、少し煮詰める。
4. **桃と合わせる**　**3**をボウルに移し、切っておいた桃を入れて混ぜ合わせる。器に盛り、ドライパセリをふりかけて完成。

超アイデアレシピ 07

おいしいなんて！ あったりめ〜コース

〝スルメ〟のスルは縁起が悪いので、水商売では〝あたりめ〟があったりめ〜！

私は〝あたりめ〟と言いますけど、普通は〝スルメ〟ですよね。これは、私がかつみさんのスナック「プルプルどん」で働いていた時の名残で、「お客をスったらあかんから水商売の世界で〝スルメ〟は厳禁やぞ」と言われたんです。だから、〝すり鉢〟も〝あたり鉢〟。ある時、「〝スリッパ〟は〝アタリッパ〟やぞ」と言われて、「へぇ〜」って感心してたら、「ウソじゃ。ボケ」って（笑）。アタリッパだけ、ウソでした。でもそれ以来スルメのことは、あたりめと呼んでいます。

そのあたりめを使った「おいしいなんて！　あったりめ〜コース」を紹介します。かき揚げとなんちゃってフカヒレスープ。中身を当てたら、当たりーみたいな（笑）。それから中華粥に、酢の物。おまけににんじんの皮で、10ページでも紹介した定番の

これらの材料にあたりめを加えて、フルコースを披露。

「ゴマッた」も作りました。野菜を使った時は、葉っぱも皮もすべておいしくいただきます！

残り物のあたりめやさきいかは、ピークを過ぎても旨みの宝庫！

私はフカヒレよりもあたりめのスープの方が好きです。フカヒレって味がしてそうでしてないですけど、あたりめは味がしっかり出るので。さきいかをフカヒレ代わりに細く割いて、食感を似せています。

最初に作った頃は、あたりめもさきいかもお店の残り物でした。お客さまに出せないような湿気たものが多かったのですが、湿気ているからこそ、汁物に入れると水分が入りやすくなったんですよね。しかも、さきいかは独特の旨みが凝縮されているから、これをおだしに使うと最高においしくなるんです。初めて作った時は、「私、天才！」と思いました（笑）。ほかには、ピーナッツも古くなると持って帰っていました。砕いてサラダに入れたり、かき揚げに入れたりしてもおいしいですよ！

冷蔵庫にあるものが何でも活用できる、あたりめのかき揚げはイチオシ！

メインディッシュ「あたりめのかき揚げ」は、絶対作ってほしいメニューです！　本当においしい！　とうもろこしやにんじんを入れていますが、同棲時代の何もない時はあたりめと玉ねぎだけでした。でも、かき揚げって、冷蔵庫にある残り物を一掃できるおかずですよね。残っているものを全部ほうりこむみたいな。だから、その

酢の物は保存袋に入れてモミモミ。味がしみ込みやすく、作り置きもしやすい。

さいたあたりめとえのきたけをフカヒレに見立ててスープに。

時々で具材が変わるんですけど、青じそだけは絶対入れてほしいです。青じそがあるとさっぱり感が出て、よりおいしくなるんですよ。本当はベランダでいっぱい育てていたんですけど、枯らしてしまって……。すぐ枯らすんです（笑）。

あ、私、天ぷら衣を作る時は、顆粒和風だしも入れちゃうんです。そうすると、衣に味がしっかりついているので、天つゆいらずになるんです。邪道なのかもしれないですけど、自己流でいろいろやっちゃうんですよね。だって、味がついてたらおいしいじゃないですか（笑）。しかも冷めてもおいしいので、お弁当にもいいと思います。下の写真では、ごま油を使っていますが、これも銀座の天ぷら屋さん「天一」さんのお知恵を拝借しました。「天一」さんの天ぷらがあまりにもおいしかったので、なぜかとたずねたら、ごま油を使っていると教えてくださったんです。関東はごま油が多いらしいですね。普段はサラダ油に風味を足すていどにごま油を加えて使っていますが、この時は撮影用に大盤振る舞いしました。こんなにごま油を入れたのは初めてで、ドキドキしました（笑）。

豪華な結婚式を挙げた、その日の夜も…!?

スナック「プルプルどん」では、同棲時代に働いていました。96年に結婚してからは私もお店に出るようになったんですけど、結婚式の夜もかつみさんはスナックで働いてました。私たちは、ホテル日航大阪さんで吉本興業とのコラボ結婚式をさせてもらったんですが、ホテル日航大阪さんがその夜にスイートルームをとってくださった

「ごま油で揚げました。贅沢〜！　同棲当時には絶対にできなかったことですが、最近はこんなこともできるようになりました！」

衣に顆粒和風だしを入れて味つけ。冷めてもおいしいかき揚げに！

んです。でも、かつみさんは「今日はかきいれどきや！」と言って、せっかくのスイートルームをほうって、披露宴に来てくださったお客さまとそのままお店に行ってしまって（笑）。「今日は絶対にご祝儀があるはずや！」と言うので、「そうよね。かきいれどきよね！　行ってらっしゃい！」と見送り、スイートルームには母と泊まりました。母、大喜び（笑）。結局、かつみさんは朝帰りでした（笑）。

コンビ結成後スナックが開けられなくて、まさかの借金増!?

その後、「かつみ❤さゆり」を組むことになり、少し売れ出して忙しくなってしまったので、なかなかお店を開けられなくて……。いつやっているかわからない状態だから、お客さまも来られないですよね。それで家賃を217万円滞納したところで、大家さんから出て行ってくれと言われました。本当にいい人で私たちも甘えてしまっていたんですけど、217万円で大家さんがギブアップ。でも、本業が忙しくなっての退去だったので、一番ありがたい卒業の仕方だねと話していました。もちろんその後、217万円を分割で払うことになるんですけど（苦笑）。

当時のお客さまがもしこれを読んでくださっていたら、うれしいです。皆さまには本当に感謝しています。私もかつみさんも、皆さまのおかげで生きてます！

「お店の看板は今も家にあって、ドアの上につけているので、リビングに入るときは『プルプルどん』に入店する感じになってます（笑）」

にんじんの皮は“ゴマッた”に

にんじんの皮をごま油で炒め、砂糖としょうゆで味つけした「ゴマッた」。「皮まで無駄にしません！」

かき揚げだよあったりめー

材料

あたりめ　にんじん　とうもろこし(缶詰めでも)　顆粒和風だし　サラダ油
玉ねぎ　青じそ　てんぷら粉　ごま油

作り方

❶ **野菜を切る**　野菜は冷蔵庫の残り物でOK。にんじん、青じそは千切り、玉ねぎは薄切りにする。あたりめは細くさく。

❷ **天ぷら衣を作る**　てんぷら粉に顆粒和風だしを入れ、水を加えて衣を作る。とうもろこしと**1**を入れて衣をつける。

❸ **カラッと揚げる**　鍋にサラダ油とごま油を入れて熱し、**2**を少しずつ入れて揚げる。

フカヒレだよあったりめー

材料

あたりめ　しょうゆ　卵
えのきたけ　顆粒中華だし　片栗粉

作り方

❶ **あたりめをさく**　フカヒレのような繊維感が出るようにあたりめをさく。

❷ **調味し卵を入れる**　鍋に水とあたりめ、えのきたけを入れて火にかける。煮立ったら顆粒中華だしとしょうゆで味つけ。溶き卵をまわし入れ、最後に水溶き片栗粉でとろみをつける。

酢の物だよあったりめー

材料

あたりめ　にんじん　ちくわ　砂糖
玉ねぎ　青じそ　酢

作り方

❶ **野菜を切る**　野菜とあたりめは、かき揚げと同じように切る。ちくわは薄切りにする。

❷ **酢と砂糖で味つけ**　保存袋に**1**と砂糖、酢を入れる。軽くもみ込み味をしみ込ませる。

中華粥だよあったりめー

材料

あたりめ　顆粒中華だし　あれば白ねぎ
ごはん　ごま油

作り方

❶ **あたりめをさく**　適当な大きさにあたりめをさく。貝柱風にしても。

❷ **あたりめとごはんを煮込む**　鍋に水とあたりめ、ごはんを入れて火にかける。顆粒中華だしでお好みの味つけに。ひと煮立ちしたら最後にごま油をまわしかける。あれば小口切りにした白ねぎを。

かつみ♥さんに食卓の温かさを知ってもらうために考案

食事を楽しんでもらうために生まれたおもしろネーミングや擬似料理

かつみさんに食事を楽しんでもらい、食に興味を持ってもらいたい。そういう思いから生まれたのが「疑惑のうな疑丼」などのアイデアレシピでした。

私の神戸の実家は食卓がワイワイしている家でしたが、かつみさんのおうちはお母さんが忙しく働いていらしたので、家庭料理を知らず、いつも1人で食べていたそうです。そのためか、出会った頃のかつみさんは食に興味がなくて、家の冷蔵庫のなかには栄養ドリンクが並んでいるだけ。それで栄養だけ補給できたらいいという考えの人で、食べることにまったく重きを置いていなかったんです。

でも、私は食卓って、1日の仕事を終えて帰ってきて、みんながホッとできる楽しい場所だと思うので、かつみさんにもそれを知ってほしかったんですけど、一緒に住み始めた頃は1品用意するのも精一杯だったりして、そこまでおかずを用意できなかったので、ジレンマがありました。だから、「もやしのせいろ蒸し」にしても、簡単な料理にわざと小難しい名前をつけて、かつみさんに「何やねん!」とツッコんでもらって、笑いを起こしてから食べたりしていました。面白いネーミングにしたり、演出をしたりしたのは、そのためだったんです。

究極は朝、「今日は焼肉だから楽しみにしていてね～」と送り出して、焼肉のタレをかけただけの白いごはんを出したこともありました(笑)。その後、それが発展して、ちくわの「疑惑のうな疑丼」が生まれたんですけど、最初はタレだけだったんです。ただ、これはかつみさんの味覚の問題だったのか、原因は分からないのですが、最初は何を食べてもおいしいと思っているのかどうかが分かりませんでした。食べた時のリアクションが薄かったので。

だから、初めて、「今日のご飯、何?」と聞かれた時は衝撃でした。いつも何を食べたいか聞いても、「何でもええ」ばっかりだったのに、「今日、何?」って聞いてくるなんて、かつみさんにしてはすごい進化だったので。おまけに、Web連載の次のレシピを考えている時には、「さゆりちゃん、あの時、こんなの作ってくれたで!」とメニューを挙げてくれたりもして、すごくうれしかったです。覚えていてくれてるんだなって。

今では、かつみさんも食に興味を持ってくれるようになり、おいしいお店にも行きたいと思うようになってくれたので、「私、ちょっと頑張れたのかな?」と心の中でガッツポーズしています。ですから、ここで紹介させていただいたアイデア料理は、私の努力の証かもしれないです。

超アイデアレシピ

08 なんちゃってブイヤベース

材料

冷凍シーフードミックス(あさり入り)
玉ねぎ
おろしにんにく(チューブ)
トマトジュース
顆粒コンソメ
塩、こしょう
オリーブ油
あればドライパセリ

作り方

1. **シーフードを炒める** 深いフライパンか鍋にオリーブ油とおろしにんにくを入れて熱し、適当に切った玉ねぎとシーフードミックスを入れて炒める。
2. **トマトジュースを入れて煮込む** 玉ねぎがしんなりしたらトマトジュースを入れて煮立てる。
3. **味をととのえる** 顆粒コンソメ、塩、こしょうで味をととのえれば完成。あればドライパセリをふりかける。

ひとくちメモ
シーフードミックスはあさりが入っていると旨みがアップしますよ。

「お仕事で飲んだビスクスープがとてもおいしかったので家でも作りたかったのですが、作るのが大変なので色が似ているトマトジュースで(笑)。トマトジュースは商品によって味が違うので、いろいろ試してお好みの味を見つけて!」

「昔、イタリアにロケで行った時に食べた、衝撃の甘いピザを再現しました。
トースターに餃子の皮を並べて、チーズを散らしてはちみつをかけるだけ！
薄皮でパリパリして食感も楽しいですし、1枚でも食べごたえがありますよ。」

ふとくちメモ♡
小腹が空いたときや、お子さんのおやつにもぴったり！

超アイデアレシピ
09 皮ってんのはMy honey

材料
餃子の皮
とろけるチーズ
はちみつ

作り方
❶ **餃子の皮にチーズをのせて焼く** 餃子の皮にとろけるチーズを適量のせ、オーブントースターで3〜5分焼く。チーズがとければOK。
❷ **はちみつをかける** 焼きあがったらはちみつをかけていただく。

超アイデアレシピ 10 アルマゲドンならぬ揚げ混ぜ丼

材料

うすあげ　顆粒和風だし
卵　砂糖
青ねぎ　しょうゆ
ごはん

作り方

❶ **材料を切る**　うすあげと青ねぎを食べやすい大きさに切る。

❷ **味つけし煮る**　鍋に水と顆粒和風だしを入れて火にかけ、**1**を加える。少し煮立ってきたら砂糖としょうゆで味つけ。イメージは親子丼。

❸ **卵を溶き入れ、ごはんにのせる**　青ねぎがくたっとしてきたら、卵を溶き入れて火を止める。ごはんにのせて完成。

ひとくちメモ
我が家は甘めが好きなので砂糖多めのしょうゆ少なめ。卵焼き器で作ってます

「冷蔵庫の中でうすあげがかたくなってしまった時に作りました。うすあげを親子丼の鶏肉の代わりに入れているのですが、おあげが出汁を吸っておいしくなるんです。京都のほうの郷土料理に似たものがあって、そりゃおいしいはずやわと思いました。」

♥さゆりレシピの頼れる存在

さゆりさんは、かつみさんと一緒に働いているので、帰宅も食事も一緒。そのため、一発で味を決めてくれる調味料は、「素早く料理を出す強い味方！」なのだそう。

調味料

酢の物好きにはたまらない手放せない！

昔は酢の物を作る時に、酢と砂糖の分量が決まらず苦労しましたが、トキワさんの「べんりで酢」に出合ってからは失敗知らず。タイムパフォーマンスを考えると、絶対お得だと思います！

世界各地の味もこれひとつで再現できる!!

中華顆粒だしは、創味食品の「創味シャンタン」一択。キユーピーの「バジルソース」とアイク ジェーレック「スイートチリソース」もかけるだけで料理が完成。便利な世の中になりましたね♡

大・大・大ヒット!! ドハマり中

西澤養蜂場の「ハンガリー産アカシアはちみつ」は、クセがなく上品な味。豆乳ヨーグルトに冷凍フルーツをのせ、このはちみつをかけるのが最近のご褒美。

はっきりとした味が好みのかつみ♥さゆり家に欠かせない味の素。グルタミン酸、大好き♡

味の幅がぐ〜〜〜んと広がります

他とは濃さが違います!!

伊藤園の「理想のトマト」は砂糖不使用と思えないぐらい甘みがあって、まさに理想のトマト。「なんちゃってブイヤベース」(P.085) もこれで作るとおいしい!!

おいおいしい!!♡

かけるだけでごはんが進む

20種類以上のスパイスをブレンドした万能調味料「ほりにし」。旨みが凝縮されていて、おかずなしでもごはんが進む（笑）。ブラックは燻製の香りがして、旨み増し増し。

旨みフェチなのです

関西のだしは昆布が基本。旨み成分なしでは生きられない！　しょうゆといえば我が家では、「だししょうゆ」です。フジッコも神戸人のソウルフード。

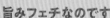

LESSON 03

奇跡の53歳！ 美のヒミツ

超美容レシピ

栄養失調で倒れた時代を経て、" 体の中から健康で美しく"を心がけているさゆりさん。

年齢を重ねても若々しく、美肌のヒミツはココにあり!!

超美容レシピ

01

手羽先のコラーゲンスープ

美容家・佐伯チズさん直伝のコラーゲンスープ

〝手羽先のコラーゲンスープ〟は、何度も作るうちに見た目がアレになっちゃうので、あんまり人にはお見せできないんですけど（笑）、好きなメニューです。手羽先と顆粒コンソメで味をつけるのですが、余裕がある時はセロリを入れたりもします。セロリがないときは手羽先だけでコトコト煮込んで、顆粒コンソメと塩こしょうで味をととのえるだけ。コラーゲンたっぷりなのに、簡単にできちゃいます。

これは美容家の佐伯チズさんに教えていただいた〝美〟メニューです。10年ぐらい前に密着させていただき、チズさんご自身にフェイシャルトリートメントをやっていただいたんです！　実際のコースは3万3000円するので、その後、個人的には全く通えなかったんですけどね（笑）。施術の時のホットタオルが気持ちよかったので、自分でもアレンジしてやるようになりました。なかでも首の後ろをホットタオルで温

手羽先と一緒にセロリを入れてコトコト。セロリはもちろん捨てずにサラダに活用。

めたのがすごく気持ちよかったので、私は首を中心にリンパを流すことを重視しています。私の本「❤さゆり52歳 生き様ビューティー」やYouTube「かつさゆのボヨヨンチャンネル」でも紹介していますよ。

「これ、ずっと飲んでいこう！」かつみ❤さんも大絶賛！

そのロケには私1人で行ったので、家に帰ってその日のうちにかつみさんに作ってあげました。そうしたら、かつみさんも気に入って「これ、ずっと飲んでいこう」となったので、どこぞの秘伝のタレみたいに手羽先と水を継ぎ足しして、〝追いコラーゲン〟しながら本当にずーっと飲みました（笑）。いつも最低1週間は飲み続けますね。毎日、火を通すから大丈夫なんですよ！

長時間出かける時は、鍋ごと冷蔵庫に入れておきます。そうすると見た目はアレですけど、ずーっと飲めるんです。でも、ある夏の日、うっかり冷蔵庫に入れず出かけてしまったことがあって。帰ってきたら、ぎゃーって感じになっていました（笑）。

スープをとった後の手羽先も無駄にせず、サラダに変身

手羽先は手羽元よりコラーゲンが出るんですよね！　これもチズさんから教えてもらいました。それに安いからいつも10本くらい買って作っています。

そして、ここから発展するメニューもあります。スープができた後に煮込んだ手羽先の身をほぐして切ったセロリと混ぜ、塩とマヨネーズで味つけをし、そこにリピ買

かつみ❤さんも
お肌ツルツル♪

美肌の源・コラーゲン
たっぷりのスープに！

いしている「べんりで酢」を少したらします。言ってしまえば、手羽先のほぐした身は出がらしみたいなもんですけど、このお酢をかけるだけで本当においしくなります。

佐伯チズさんのメニューを♥さゆり流にバージョンアップ

以前は市販の顆粒だしで味つけしていたんですけど、最近、美容の面で味を進化させました！　なんと、手羽先を甘酒に漬けるんです。手羽先を発酵させる感じです。普段は保存袋に入れて、15分ぐらい冷蔵庫で寝かせていますが、時間がある時は一晩ぐらい寝かせます。すると、手羽先の身がやわらかくなるんです。

味を染み込ませたい時は、だいたい保存袋を使っていますね。同棲時代はジップロック®のような保存袋なんて使えなかったですけど。今はちょっと余裕ができました（笑）。

その手羽先を豆乳で煮込んで、白みそで味つけしています。おだしは、「ほんだし®かつおとこんぶのあわせだし」を使っています。関西人なので、やっぱりあわせだしが好きです。豆乳も美容にいいので、さゆり版コラーゲンスープですね。

これにつくねやお野菜を入れるとお鍋としてもいけます。かつみさんは京都ですが、私も母親が京都寄りの人なので、家のお雑煮も丸餅の白みそで、もともと白みそが好きなんです。だから、豆乳に白みそを足したくなったのが始まりです。白みそと豆乳は相性がいいと思いますし、お鍋にもピッタシで寒い日にもいいと思います。

「トマトをくり抜いて器にします。オシャレでしょ！」

出がらしの手羽先とセロリも無駄にしません!!

結婚生活26年。色合いのある食卓を見て、しみじみ思うこと

Web連載でいろいろ作りつつ、彩りよくできたお料理を見て、私、幸せやなーとかみしめています。だって、昔は料理に彩りを入れることなんて全然できなくて、あっても青ねぎの小口切りぐらい。緑色はあっても、赤色を入れることはなかなかできませんでした。たまたまにんじんの端っこが余ってたから加えるとか、それぐらいしかできなかったので。今、こうして結婚26年目を迎えて、彩りある食卓を見るだけで「すごいな〜。ありがたいことだな〜」って、しみじみ思っています。

発酵パワーで旨みもアップ
お肉もやわらかくなります

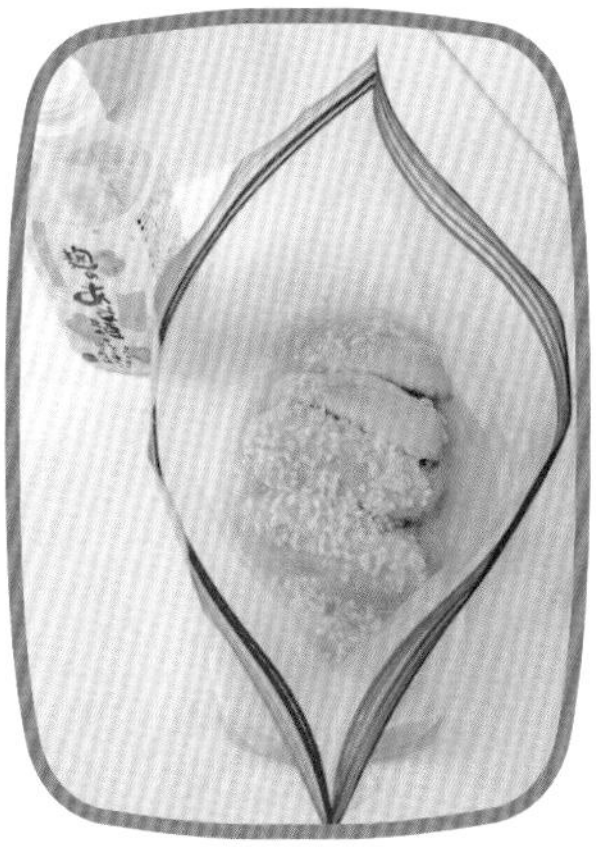

さゆり版コラーゲンスープは甘酒に漬け込むのがポイント。できれば一晩寝かせてほしい。

豆乳を1カップ強入れて、白みそ、あわせだしで味つけ。甘酒の甘みもあっておいし〜♡

♥さゆり進化版美容スープ

材料

手羽先　白みそ
甘酒　　顆粒和風だし
豆乳　　飾り麩

作り方

❶ **手羽先を甘酒に漬け込む**　保存袋に手羽先と甘酒を入れ、一晩冷蔵庫で寝かせる。

❷ **鍋で煮込む**　鍋に手羽先(甘酒も一緒に)と豆乳、水を入れて火にかけ、コトコトと煮込む。手羽先5〜6本に対し、豆乳と水はそれぞれ1カップくらいが目安。

❸ **味をととのえる**　顆粒和風だし1パック、白みそ大さじ1くらいを入れて味をととのえる。器に盛り、飾り麩を浮かべると見た目が華やかになる。

色鳥鳥《とりどり》サラダ

材料

スープをとった手羽先
セロリ
トマト
マヨネーズ
調味酢(もしくは砂糖と酢)
塩

作り方

❶ **材料を食べやすく切る**　スープをとった手羽先は身をほぐし、セロリは角切りにし塩を少しふる。トマトは中をくり抜き、小さな角切りにする。

❷ **味つけし盛りつけ**　ボウルに1とマヨネーズ、調味酢を入れ混ぜ合わせる。トマトに盛りつければ完成。

手羽先のコラーゲンスープ

材料

手羽先
セロリ
顆粒コンソメ
塩
こしょう
あればドライパセリ

作り方

鍋に水、手羽先、セロリを入れてコトコト煮込む。途中でアクをとり、顆粒コンソメ、塩、こしょうで味をととのえる。あればドライパセリをふりかける。手羽先はサラダに活用。

超美容レシピ

02

わかめで若めになぁ～れ

満腹感があって腹持ちよく、体重も落ちる！
イイことだらけのわかめ料理

〝わかめで若めになぁ～れ〟は私の美容食なんですが、節約メニューでもあります。美容本「❤さゆり52歳 生き様ビューティー」を出す時にも、せっかくだからもうちょっとしぼろうと思ってよく食べていました。いつもはちょっと太ったなという時に、体重を定位置に戻すために食べています。

ダイエットする時、お野菜だけだと食べた感がないですよね。でも、これは食べた感が得られるし、腹持ちもよく、体重をストーンと定位置に持っていってくれる。それなのにわかめが大量に入っているせいかお肌の調子は上がるので、タッパーに入れ

「わかめと白ねぎは同量くらい。どどーんといっぱい作っちゃいます」

て仕事場にも持っていきますよ。

主な材料はわかめと白ねぎのみ！しかも手間は切るだけ！

このメニューはわかめと斜めの細切りにした白ねぎを炒め、そこに創味シャンタンを入れるだけでできちゃいます。ポイントはわかめと白ねぎを同量にするところ。白ねぎは1本使い切ります。今回は余っていた小えびと、なんと89円だったしらすちりめんを加えました。ちりめんを加えるとカルシウムもとれるので美容食度がアップし、小エビで彩りもアップです！　最後にすりごまをふりかけています。本当においしいので、いっぺん作ってください！　私は白ねぎを買ってきたらいっぱい作って保存し、いつでも食べられるようにしています。

このレシピに出会ったのは、テレビ番組で料理コーナーを担当していた時でした。小宮理実先生が、わかめと白ねぎを炒める基本の部分を教えてくださったんです。いろんなお料理を教わり、家でも作ったなかでずっと作り続けているメニューがこれです。番組で初めて食べた時も、「これおいしい。先生、おかわりしたい！」となったくらいで、こんなにわかめを延々と食べたいと思えるレシピがあるんだと驚きました（笑）。その時、先生は中華だしに何かを加えていたのですが、私は簡略化して創味シャンタンだけ。これだけで味が決まりますからね。もう、創味さんの回し者みたいになってますけど（笑）。

わかめと白ねぎだけでも十分においしい！「時短メニューです」

ごま油で炒めるだけ。ダイエット中でも適度に油をとらないと肌がカサカサになるおそれが。

「ロケタレの女王」がロケ先で見つけた、超おすすめのふりかけ

あ！　新たに加えた食材があるんです。ロケ先で知った澤田食品さんの「いか昆布」というふりかけです。これは関西で「ロケタレの女王」と呼ばれている私が皆さんに教えたい、めちゃくちゃ優秀なふりかけで、旨みが凝縮されていて本当においしいんです。「全国ふりかけグランプリ®」で、2014年、2015年と連続金賞受賞ですって！　ね？優秀でしょ（笑）。

それで、今回作る時にこれがあったから入れてみたら、旨みが倍増したんです。本当においしくて、「えぇ！」ってなったので、「何で今まで入れなかったの？　さゆり!?」って思いました。今後は絶対に入れようと思います。最高のお供です。

かつみ♥さんの美ボディ&美肌の秘訣も「わかめで若めになぁ～れ」!?

ダイエットのせいでお肌がカサついたり、やつれた感じになることがありますけど、私はたとえダイエット中でも保水できる肌を作っておきたい。そんな時は「わかめで若めになぁ～れ」です。ダイエットをしながら美肌も保てますから。わかめは海のものだからミネラルたっぷりだし、今回はちりめんも入れたのでカルシウムもとれる。カルシウムって骨だけと思いがちですけど、不足するとコラーゲンを生成できないらしいので、お肌にも大事なんですよね。また、油分を控えるとカサつきやすいけれど、ごま油も使うので潤いもカバーできる。ダイエットと美肌を両立できるので、本当にお

「せやねん！」というテレビ番組の「メチャ売れ!!」のコーナーで知った“いか昆布”を入れると旨みが増す。

すすめです。

かつみさんも大好きで、我が家の定番になっています。基本的に我が家で定番になるのは、かつみさんが好きなメニューなんですけどね（笑）。ですから、ここで紹介しているメニューはかつみさんのお気に入りで、何年もうちの食卓に上っているお料理ばかりです。「わかめで若めになぁ〜れ」は美容本にも書いたほど、イチオシの美容メニューですが、実はかつみさんもお肌がキレイなんですよ。

私だけでなく、かつみさんもずっと体重をキープしていて、60kgを切るぐらいが一番調子がいいらしいです。かつみさんは、60歳なのにお腹も出ていないし、お肌もツヤツヤ。お尻もキレイですが、一番キレイなのは残念ながら足の裏なんです。お尻や足の裏とか、人に見せられないところが一番キレイなんて、本当にかわいそうなかつみさん（笑）。おまけに足の裏は、乙女のようなやわ肌なんですよ。それで、かつみさんは60kgを超えると長風呂でたっぷり汗をかいて、体重を戻したりするので、そういう時はこの「わかめで若めになぁ〜れ」を作っています。

このメニューのもう一ついいところは、時短で作れるところ。どんなにしんどい時でも帰ってきて5分もあればできますから。ラクでおいしく体によくて、キレイになれて、一石何鳥!?　本当におすすめの美容食です。もちろん、定番の「ふえるわかめちゃん」でも作れます。わかめは増えるけど、体重は減りますよ！

仕上げに長寿パワーのすりごまもたっぷりと。

「小えびやちりめんを入れるときは、最後に中華だしで味をととのえると塩辛くならずにすみまーす」

わかめで若めになぁ〜れ

材料

わかめ（生でも乾燥でも可）
白ねぎ
※わかめと白ねぎは同量に
ごま油
顆粒中華だし
すりごま
あれば小えび、ちりめん（しらす）

作り方

❶ **白ねぎを切る**　白ねぎは斜め切りにする。乾燥わかめを使うときは水で戻しておく。
❷ **ごま油で炒める**　フライパンにごま油を入れて熱し、わかめを炒める。全体に油がまわったら白ねぎを入れて炒める。
❸ **味をととのえる**　小えび、ちりめんを加えて炒め、味見をしてから顆粒中華だしで味をととのえる。たっぷりとすりごまを入れたら完成。

るとくちメモ♡

小えびなどの旨みをいかして、中華だしを控えめにするとよりヘルシー。

超美容レシピ03

トマトのシャーベット
血液サラサラで年が止まっと～

そして
かつみ♥さんが

そんな君をアイス

高コレステロールの強い味方!
"トマト"のデザート

実は、私はトマトをとらないといけない、遺伝的な高コレステロール女なんです!

２０１９年に東野幸治さんが出てはる「主治医が見つかる診療所」（テレビ東京）で血液検査をしてもらったら、血液がドロドロだと言われてしまったんです!

それ以来、番組内で紹介していた血液をサラサラにするトマトをよく食べるようになりました。確か、玉ねぎも紹介されていたんですけど、私は断然トマト!「リコピン、リコピン、オリコ～ピン♪」と歌いながら、いつも料理しています。トマトって、

リコピンがとれることはもちろんですが、なんとなくお利口にもしてくれる気がするので、自分で自分に暗示をかけています。どれだけ自分に暗示をかけられるか、人生なんて勘違いですから！（笑）

洗って凍らせて、すりおろすだけの超簡単なトマトのシャーベット

日頃からトマトジュースを飲んだり、いろいろなおかずにトマトを添えたりしています。さらに進んで、私が季節を問わずに食べているのがトマトのシャーベットです！名づけて、「トマトのシャーベット 血液サラサラで年が止まっと〜（そしてかつみさんが）そんな君をアイス」（笑）。

皆さん、アイスやシャーベットを食べるとちょっと罪悪感が湧いたりしませんか!?しかし、罪悪感どころか、何なら自分を褒めてあげたくなるシャーベットを考案したのです！しかも作り方は超簡単！なんと、トマトを冷凍庫で丸々凍らせるだけ（笑）。洗って保存袋に入れ、冷凍庫で凍らせたら、それをすりおろして終了！

そのままでもよし、はちみつを加えてもよし！

今はリーズナブルなお値段のかき氷機が出ているので、それを使えば簡単だと思います。でも私は自分の二の腕ちゃんに頑張ってもらうため、大根おろし器でおろしています。そうして頑張った分、おいしくいただくというわけです（笑）。おろす時は素手！ものすごく手が冷たいので、右手と左手を何度も入れ替えて、交互におろして

「トマトはそのまま保存袋に入れて冷凍。皮をむくとか下処理は面倒なので一切いたしません！」

ます（笑）。〃右手、左手、交互にして～♪〃で、バランスよく鍛えてます。

お味はそのままでもよし、はちみつをプラスしてもよし！　冷凍庫に入れておくだけでいいので、本当にラクちん。トマト丸々1個を気軽に食べられますし、トマトの食感が苦手だという人も気にならずに食べられると思いますよ！

ミニトマトやデラウェアバージョンもおすすめ！

トマトをすりおろす時間がない時やちょっとしんどい時用に、ミニトマトも凍らせています。そのままパクパク食べられるので、本当にラクです！

ほかにもデラウェアや、一口サイズに切ったバナナも凍らせています。トマトよりもデザート感たっぷりで、おいしいんです！　そうそう、高ポリフェノールのブルーベリーや、高ビタミンCのアセロラも美容目的で凍らせていますよ。

体にいい節約メニューのおかげで、かつみ♥さんが若返り!?

血液もサラサラにしてくれる〃罪悪感ゼロ〃のダイエットデザート。私の高コレステロール体質は遺伝的なものらしく、どうしようもない部分もありますが、薬に頼るだけでなく日々の食事を重視して、体の中から健康な夫婦を目指したいんです！

かつみさんはあぁ見えて女子力が高く、〃ベスト体重をずっとキープしている男〃ですが、検査をしたらどっこも悪くないどころか、脳みその海馬とかが青年レベルで、血管の太さは高校生なみ、最終的に視力検査は両目1.5だったらしいんです！　もう老

「地道におろし器でトマトをすりおろします。二の腕を鍛えるつもりでやれば苦じゃない」

甘みを加えたいときは、はちみつをプラス。

眼の年なのに（笑）。この年齢になってくると「しんどいわ〜」とか言ったりしますけど、私、かつみさんが言っているのを一度も聞いたことがないんです。白髪もないし、むしろ若返ってきているかも!!

市販のアイスも好きで食べますが、アイスに限らず、食べ過ぎたなと感じた時は3日間ぐらいのスパンで食事の量を調整しています。以前は1週間ぐらいでしたが、50歳を過ぎて新陳代謝が落ちてからは小刻みに3日スパンになりました。たとえば、焼肉に連れて行ってもらった翌日はお野菜中心にするんです。ダイエットを意識すると逆に食欲がわくので、あまりダイエットと意識しないことがコツです！

なんでも凍らせれば、
お手軽デザートに!

ミニトマト、デラウェア、
バナナなどお好みの果
物を冷凍するだけ。

トマトのシャーベット
血液サラサラで年が止まっと〜
（そしてかつみ♥さんが）そんな君をアイス

材料

トマト
お好みではちみつ
あればミント

作り方

❶ **トマトを冷凍**　洗ったトマトを保存袋に入れて冷凍庫へ。

❷ **トマトをすりおろす**　冷凍トマトをおろし器ですりおろす。デザート感を増したい時は、はちみつをかける。あればミントを飾ってよそゆきに。

ひとくちメモ♡

トマトをすりおろすときは
手がひんやりするので
左右交互に!!

超美容レシピ 04

ヘルシー、メルシー、食べよっしー

スーパーフードによる体重お戻しメニュー

アボカドと卵、ブロッコリーを使った超簡単メニューで、タイトルは「ヘルシー、メルシー、食べよっしー」です！　ブロッコリーは、美容面の王様じゃないですか？　そして、女子の味方のアボカドちゃんとタンパク質のゆで卵をプラス。体に悪いわけがありません！

ブロッコリーはビタミンもミネラルも豊富なので、せっかくならもっと美容に特化したメニューにしようと、アボカドを加えてみました。つまりスーパーフードとスーパーフードが結婚して、スーパーセレブ夫婦みたいな状態になるわけですよ。「え？

ブロッコリーは小房に分け、電子レンジでチン。お気に入りの調理器具、マイヤーの「エニディ」に入れてチンすると、硬い芯までおいしくいただける。

あの栄養価の高い2人が結婚!?」という、憧れのコンビネーションになるわけです。そこに、50代になってくると特にとらないといけなくなってくる〝タンパク質〟を、ゆで卵でプラス。もちろん鶏肉でもいいのですが、私は手軽に食べたいので、一度にゆで卵をいっぱい作って使っています。ブロッコリーはゆでずに電子レンジでチン。栄養を逃さずに食べられるのがいいところです。超優秀な電子レンジ専用の調理器具に出会ってからは、ブロッコリー料理を作る回数が増えました（笑）。

味の素とお塩だけでもおいしいので、ヘルシーに食べたい方はそのままでもいいですが、私は味変して楽しみたいので、いくつかソースを作って添えています。

カロリーとは別のことを考えないといけないのが50代のダイエット

50代のダイエットで気をつけたいのが、「痩せたつもりがやつれたね?」だと思うんです（笑）。これ、本当に50代あるあるで、若い頃にやっていた何も食べずに体重を落とすなんてことを今やってしまったら、テキメンに肌ツヤが悪くなって、「疲れてる?」と聞かれてしまうんですよね。

実は私、20、30代の頃はお料理する時に一切油を使っていませんでした。フライパンがテフロン加工だったから、炒め物でも一切ナシ。でも、45歳を過ぎてからは炒め物だけでなく、何にでも油を使うようになりました。年齢が上がると油が必要になるんだな〜としみじみ思いました。カロリーとは別のところのことを考えないといけないのが、50代のダイエット。必要なものが自ら生み出せなくなっていますから、きちんと食事でとりましょうね!（笑）

最強旨味調味料だけでもおいしい!!

美容にうれしい栄養素がたっぷりのアボカドと、良質なタンパク質をとるのに最適なゆで卵はベストコンビ。

ヘルシー、メルシー、食べよっしー

材料

ブロッコリー	ミニトマト
アボカド	塩
ゆで卵	旨味調味料

ふとくちメモ♡
ブロッコリーは
ゆでるより
レンチンがラクで
栄養も逃さない！

作り方

❶ **材料を切る**　ブロッコリーは小房に分け、アボカドとゆで卵は一口大に切る。ミニトマトはヘタをとる。

❷ **ブロッコリーをレンチン**　耐熱容器などにブロッコリーを入れ、水を少しまわしかけ、塩少々をふってラップをし、電子レンジで4分ほどチン。電子レンジ専用の蒸し器を使うとラク。

❸ **器に盛りつける**　ブロッコリーの熱が冷めたら、器にアボカド、ゆで卵、ミニトマトと一緒に盛りつける。塩と旨味調味料でいただく。味変用にお好みのソースを添えても。

超美容レシピ 05

明日はパラダイス！ 略して"アスパラ"スープ

ポイントは生クリームではなく、豆乳を投入すること！

体重が気になる時に食べたい、ダイエット用の「アスパラスープ」を紹介します。おいしいポタージュを作るために、生クリームを使うと思うんですけど、私のアスパラスープは美容・ダイエット目的なので、生クリームは一切使用いたしません。シンプルですので、逆に作りやすいと思います！

電子レンジ用調理器具を使い、アスパラガスを蒸します。蒸しあがったアスパラガスをミキサーにかけ、牛乳ではなくイソフラボンたっぷりの豆乳を投入いたします！

お世話になっている方から届く、北海道の立派なアスパラガス。「大量にいただくので、ぜいたくにもスープにします！」

今、一番欲しているのは、女性ホルモン不足を補うイソフラボン！

実は私、婦人科の病気がありまして……。女性ホルモンが出過ぎていることが原因で、30代で婦人科系の手術を経験しているんです。最近また、めまいがするようになり、更年期の症状と似ているなと思ったので、病院に行ったんです。そうしたら私、全然、女性ホルモンが出ていなかったんです!! すぐさま先生に「女性ホルモン補充療法してください（涙）」と言ったら、私は婦人科の病気を抱えているから、補充をするとガン化しやすくなるので、できないと言われてしまって……。

前置きが長くなりましたが、つまり私が今、一番欲しているのは、女性ホルモン不足の体を補う〝イソフラボン〟なので、少しでも摂取できる豆乳を投入しちゃおうと、イソフラボンをボンボン入れちゃうわけです！

スープの甘みは、人工甘味料と調製豆乳で調整する

豆乳を入れたら、コンソメと塩、こしょう、そしてカロリーゼロの人工甘味料をちょっと入れます。すると少し甘くなって、プロ仕様っぽい味になるんです！ 生クリームを使用しない分を人工甘味料で補い、豆乳も無調整じゃなく、調整にすると甘みと旨みがプラスされておいしくなります。調整豆乳で、調整します（笑）。

今回はいつもよりダジャレ多めです（笑）。昭和のオッチャン的愛すべきダジャレ文化が日本から消えないためにも、令和のZ世代の皆さんに継承されないかしらと思っ

アスパラガスを適当な大きさに切ってから電子レンジ用調理器に入れ、4分ほどチン。

レンチンしたアスパラガスと豆乳をミキサーに入れ、なめらかになるまでかくはん。

ているのですが、なかなかファッションのように一周回ってこないですね〜。ダジャレもＳＤＧｓみたいにかっこいい名前を付けたら、流行るかしら？　ＤａＪａＲｅだから〝ＤＪＲ〟みたいの。「これが私のＤＪＲ！」みたいな感じで。あははは（笑）。

女子にうれしい栄養素で、食べると明日がパラダイスに！

今回のスープ名は、「明日はパラダイス！　略して〝アスパラ〟スープ」です。このためにダジャレの話をしたんですね。

アスパラガスはアスパラギン酸が豊富で、疲労を回復してくれるので、食べると明日はパラダイス！　その上アスパラガスには、アンチエイジングに効果があると言われているルチンがめちゃくちゃ入っているので、女子は絶対食べるべき。さらにベータカロテンとそのほか各種栄養素が抗酸化作用と美肌効果に働くので、食べると明日はパラダイスだらけなんです。

最後の最後までおいしくいただける上に無駄もゼロに

旬の季節になると番組でお世話になっている方が、北海道の立派なアスパラガスを箱でドーンと送ってくださるんです！　すごく立派でおいしいアスパラガスなんですが、最後の方になるとどうしても少しシナッとしてしまうんですよね。しかし！　スープだったらミキサーにかけるので、そんなこと関係なく、最後までおいしくいただけるのです。

この方法はアスパラガスに限らず、どんな野菜でも活用できます。例えば、ちょっと傷んだ玉ねぎをミキサーにかけてカレーに使うなど、いろいろ活用できるので、ぜひ試してみてください♪

イソフラボンをとりたいから 料理には豆乳を投入!

鍋に移して、さらに豆乳を加えて加熱し、顆粒コンソメや塩、こしょうで味をととのえれば完成。「味をみながら調整してください」

冷製スープにして 持っていくことも

「大量に作ったときはスープを冷やして、マイボトルに入れて仕事場へ。『その緑の魔女みたいな飲み物、何ですか?』と、よく驚かれます（笑）」

明日はパラダイス！
略して"アスパラ"スープ

材料

アスパラガス
調整豆乳
バター
顆粒コンソメ
塩
こしょう
人工甘味料
あればドライパセリ

作り方

❶ **アスパラガスをレンチン**　アスパラガスを2〜3cm幅に切り、耐熱容器に並べて水を少しふりかける。塩を少々かけてラップをし、電子レンジで4分ほどチン。電子レンジ専用調理器具を使うとラク。

❷ **ミキサーにかける**　1と100ccほどの調整豆乳をミキサーに入れ、なめらかになるまでかくはん。

❸ **鍋に移して味つけ**　鍋に2を移し、調整豆乳を入れて火にかける。アスパラガス6〜8本に対し調整豆乳2〜3カップが目安。混ぜながら加熱し、バター、顆粒コンソメ、塩、こしょう、人工甘味料で味をととのえたら完成。あればドライパセリをふりかける。

ひとくちメモ
本気ダイエットのときはバターなしがおすすめ。

超美容レシピ 06

お肌キムチよく納豆

美容と健康、
両方が手に入る最強メニュー！

私はお肌の調子が悪いなと感じた時、美容にいい発酵食品である納豆とキムチ、そしてカルシウムが多いひじきを加えたものを、1週間食べ続けることにしています。食べ続けると、お肌が整ってくる感じがするんですよ。

それに納豆とキムチとひじきはお肌以外にもよい影響を与えてくれるので、トータル的に美容と健康につながっているように思います。

最近、骨についていろいろ知る機会があったのですが、骨の重要性が身に染みてわかってくる年齢になればなるほど、自分の骨（骨密度）は減っていくんですよね。聞い

たところによると、骨粗しょう症が寝たきりの原因になって、寝たきりが認知症の原因になるらしくて。骨ってホントに大事！　それなのにどんどん骨粗しょう症になっていくこの現実……。ということで、時間のある時にカルシウムたっぷりのひじきを大量に炊いて、冷蔵しておくようにしています。

発酵×発酵からのお肌発光作戦！

納豆に含まれるイソフラボンは、女性ホルモン不足を補いたい私が今、一番必要としているものです。ある時期、義務的に食べていたのですが、納豆単体だと続かなくないですか？　でも、そこにキムチを入れたら、義務感なく食べられるようになったんです。発酵×発酵からの、お肌発光作戦！　さらにひじきを加えたら、骨にもいいし最高やん！ってなり、この3つを混ぜたものを豆腐にかけて食べるようになりました。

それから納豆とキムチには、いつもごま油を加えています。納豆にごま油を加えると、ビタミンK2が高まってカルシウムの吸収がよくなるらしいんです。最近はカルシウムと血流を欲しているので、肌だけでなく血管ゴースト化のさゆりにうれしい最強メニューです。おねぎも納豆の血液サラサラ効果を高めてくれるので、ある時は入れています。そういえば、納豆におねぎを加えると美容効果も高まるって知ってました？　おねぎの硫化アリルが納豆に豊富なビタミンB1の吸収を促進する作用があるらしいんです。関東では昔から納豆におねぎを入れますけど、こういう研究結果が判

「そうめんは2人で1束！
節約、節約～♪」

材料は常備しているものばかり。青じそがあると、さっぱりする。

明する前からやっていたなんて、すごいですよね。私は関西人なんで、大人になってから納豆におねぎを入れることを知って、へぇ〜って思ったことを覚えています。おいしいから入れていたんでしょうけど、体も健康になることを無意識にわかっていたんでしょうかね？　不思議ですね。

実は私、キムチはあまり得意じゃなかったんです。だけど、一つだけ食べられるキムチを見つけました！　それはピックルスコーポレーションさんの「ご飯がススム」くんです。毎度おなじみ、大阪のテレビ番組「せやねん！」（MBS）のなかの「メチャ売れ!!」のコーナーで、5年くらい前にロケに行ったのがきっかけです。そこで食べてみたら、キムチが苦手だった私がハマったんです！　お子さんでもイケるので、万人受けするお味なんだと思いますけど、それを知ってから、納豆とひじきとキムチを混ぜるのが定番になりました！　辛いキムチしか手に入らない時は、少しはちみつを混ぜます。

それから私は、納豆とひじきとキムチを混ぜたところに青じそもオン。口当たりがさわやかになりますし、お料理の色味は多い方が体にいいと勝手に思っているので、緑をプラスしています。

最後の最後まで おいしくいただける上に無駄もゼロに

いつもは豆腐にかけていますが、おそうめんでもおいしいですよ！　夏の終わりに

納豆の容器で混ぜてしまえば、洗い物が減って節約に。どんどん材料を投入！

余ったものを味変的に楽しむことができますし、1束をかつみさんと2人で分けて食べれば、高いカロリーの罪悪感も薄れます（笑）。

といいますのも、おそうめんって意外とカロリーが高いんです！　大好きなんですけど、100gあたり「そばは344カロリー、うどんは348カロリー、そうめんは356カロリー」と、一番カロリーが高いんです。細いからそんなふうに思わないけど、その昔ロケに行った時に知って、ガーンってなりました。それまではそうめん流しセットでよく食べていたんですけどね（苦笑）。おそうめんだけを食べる時は3～4束ゆでちゃいますけど、この「お肌キムチよく納豆」をかけて食べる時は、2人で1束で十分！　具材でかさ増しされるから、しっかりお腹がふくれるんです。これでカロリーも材料費もオフ！

かつみさんは美容系のメニューをあまり進んで食べないんですけど、この「お肌キムチよく納豆」は大好きです。かつみさんはお豆腐よりもおそうめんにかけて食べる方が好きですね。秋口はお中元でいただいたりしたものが余ることも多いので、今もしょっちゅう2人で食べています。

体重をコントロールする時は豆腐にかけていただきます。これも美味！

お肌キムチよく納豆

材料

納豆
キムチ
ひじき（炊いたもの）
あれば青じそ
ごま油
そうめん
めんつゆ

作り方

❶ **そうめんをゆでる**　鍋でそうめんをゆでる。
❷ **材料をひたすら混ぜる**　納豆にごま油を少量加えて混ぜる。キムチ、ひじきの順番に加えて混ぜ合わせる。
❸ **器に盛る**　そうめんを器に盛り、めんつゆを少量かける。その上に**2**とあれば細切りにした青じそをのせれば完成。

るとくちメモ
納豆にきざんだ
白ねぎを加えても
いいですよ〜

体の中に入れたものが、明日、明後日の自分を作る！

美容レシピを食べたらキレイになる！と信じて食べることも大事！

「美容レシピ」は、現在の私にとっての〝必死のパッチ〟です！「節約レシピ」も「アイデアレシピ」もこれまでの人生のなかでの必死のパッチでしたけど、まさに今、最も重要なのは「美容」。今の私はここに全力を注いでいます。

美容を保つために必要なのは、いい化粧品を使うとか、そういうだけじゃない！ということが年々分かってきたんです。30～40代前半まではそこまで思ってなかったんですけど、40代後半からは食べたもので体が作られることを実感するようになるんです。体の中に入れたものが、私の明日、明後日の肌を作り、骨や土の土台を作ってくれている。何を食べているかの違いで、保てるか否かが変わってくるんです。見た目の美しさに影響を与えるものの8～9割が体の中に入れるもので、外から塗るものなんて1～2割もあるかないか。

50歳を過ぎて、本当に痛感するようになりました。

実は40代の時に一度、諦めかけたことがあったんです。42歳ぐらいまではよかったのに、45歳を超えたぐらいでズドンときたんです。肌のハリ具合や新陳代謝がガクンと落ちて、アレ？ってなったんです。いつもと違うって。それまでと同じカロリーコントロールでは、維持ができなくなった。それで美容レシピを考えるようになったんです。

食事は裏切りません。確実に自分を作ってくれますから。その際に大切なのは、この食事が自分をキレイにしてくれると意識しながら食べることです。あいまいに食べるんじゃなくて、一つ一つの効果を知って、たとえばトマトのリコピンが私をキレイにしてくれるなど、意識しながら食べることが一番大事やと思うんです。自分に暗示をかけるというか。

私、催眠術にものすごくかかりやすいんです（笑）。昔、催眠術ブームだった時に、みんながかけられる番組があったんですけど、私、最初にかかって、当時大嫌いだったチューブのわさびをスイカだと思い込んで、一気に食べたことがあるんです。チューーッて。「おいし～。本当に甘いです。こんな甘いスイカ食べたことないです！」って言いながら（笑）。催眠術の先生に、わさびをとても甘い高価なスイカだと言われたんですよ。あの時に催眠術の凄さを身をもって経験したので、美容レシピも自分で自分に暗示をかけながら食べています。最終的なポイントはハート。気持ちが大事ですから！

超美容レシピ

07 しょうがなくない、しょうがスープ

材料

冷凍餃子（しょうが味）
卵
白ねぎ
顆粒中華だし
おろししょうが（チューブ）
ごま油

作り方

❶ **スープを作る** 鍋に水と顆粒中華だしを入れて煮立て、冷凍餃子と、たっぷりのおろししょうがを加える。
❷ **卵を溶き入れる** 溶いた卵をまわし入れて少しかたまってきたら火を止め、ごま油をたらす。
❸ **器に盛る** 器に盛り、細切りにした白ねぎを添えて完成。

ひとくちメモ
スープは顆粒中華だしのほか、鍋用スープの素を使うと便利。

「かつみさんに夜食をリクエストされた時に作りました。冷凍餃子を食べようと思ったのですが２人で１パックでは足りないので、かさ増しするためにスープにしたんです。しょうがをたっぷり入れることで、体がポカポカ温まります。最近は生しょうがでポカポカ増し増しに！」

超美容レシピ

08 みそ汁だよ!　全員集合

材料

玉ねぎ
さつまいも
冷蔵庫に残っている野菜
(白ねぎ、にんじん、大根など)
おろししょうが(チューブ)
顆粒和風だし
みそ

作り方

❶ 野菜を切る　玉ねぎ、さつまいも、残り野菜を食べやすい大きさに切る。
❷ 野菜を煮る　鍋に水と顆粒和風だしを入れて火にかけ、1を加えてやわらかくなるまで煮る。
❸ みそを溶く　火が通ったらおろししょうがを入れ、みそを溶いたらできあがり。

ひとくちメモ♡
玉ねぎは
甘みが出るので、
絶対に入れたい
食材です。

「冷蔵庫にあるものをみんな入れちゃうおみそ汁です。「みんなで温泉入りましょ」とお野菜をお誘いして、皮もつけたまんまで入れます。傷みかけたものは、特に全員集合させます。玉ねぎは甘みが出るので、必ず入れてください。」

超美容レシピ 09

BTSで女子力アップ

材料

ブロッコリー　ミニトマト　鮭（生鮭、塩鮭どちらでも）

A　バジルソース

B　レモン汁、調味酢（もしくは酢、砂糖）

C　マヨネーズ、ポン酢しょうゆ、かつおぶし

D　ごま油、塩昆布、旨味調味料

作り方

❶ **鮭を焼く**　鮭を両面焼く。焼けたらひと口大にほぐす。

❷ **ブロッコリーをレンチン**　ブロッコリーは小房に分け、耐熱容器に入れて電子レンジで4分ほどチン。冷めたら4等分にし、へたをとったミニトマト、鮭と一緒にポリ袋に入れる。

❸ **ポリ袋の中で味つけ**　A～Dの組み合わせで味つけをする。

バジルソース

レモン汁＋調味酢

マヨネーズ＋ポン酢しょうゆ＋かつおぶし

ごま油＋塩昆布＋旨味調味料

ひとくちメモ

味つけは何でもOK！市販のドレッシングを使っても。

「ブロッコリーのBと、トマトのTと、鮭のSで、BTS！鮭のアスタキサンチンは抗酸化作用が高くて、重要ですからね！　実は我が家では焼き魚もよく食べるんです。ポリ袋に具と調味料を入れて軽く振ると味つけも簡単です。」

ひとくちメモ

ラッシーは豆乳を150ccにして炭酸水50ccを加えると、さらにさわやかな味わいになります。

超美容レシピ 10

1. さわやかを豆乳したラッシー

作り方

豆乳1カップにはちみつ大さじ1くらい、レモン果汁大さじ2くらいを入れて混ぜ合わせるだけ。

2. 毎朝飲んでる豆乳バナナ～そんなバナナな最強伝説～

作り方

豆乳1カップと冷凍したバナナ1本をミキサーに入れ、なめらかになるまでかくはんするだけ。

「イソフラボンを摂取したいので、豆乳をよく飲むのですが、おいしいはちみつ(P.088)に出合ってからラッシーも飲むようになりました。豆乳バナナは朝、レモンを入れるラッシーはお風呂上がりのさっぱりしたい時に飲んでます。」

祝 結婚27周年！ かつみ♥さんからのラブレター

♥さゆりちゃんへ

1年以上Web連載が続いて、本にまでなるなんて大成功やね。すごいわ〜おめでとう！　俺が写真を撮る時、さゆりちゃんやちくわがきれいに見える角度を研究した甲斐もありました。俺の考えたメニュー名はほぼ採用されんかったから、やっぱりさゆりちゃんの方が才能あるってことやな。ロケで俺がしゃべるのに必死で味わってない時もさゆりちゃんは何が入ってるか気づくし、再現できるし。一緒にロケで食べた〝優作鍋〟を元にした「もやしのせいろ蒸し」は、一番よく食べたなあ。50円だけ握って、飴をなめていらんもん買わんようにして、チャリンコでもやしを買いに行ってくれたよね。冷蔵庫に調味料しかなくなった時は、夜中に並んでマヨネーズとケチャップを吸ったのも思い出です。

俺が漫才で賞レースとって成功して、株が当たって3億を手にしたんが28歳の時。そこから信用取引で9億動かしたらバブルが崩壊して4億7000万円スッたから、1億7000万円の赤字になった。その時の俺を見てるのに、さゆりちゃんはまったく変わらんかったね。楽屋でもみんな蜘蛛の子を散らすようにいなくなって、イケイケの姉ちゃんも連絡つかなくなったのに。金に寄ってきてるんじゃ

2人の思い出写真館

初デート♥　初々しい2人！

同棲5年目の1994年12月。どてらを着て寒さをしのいでいたそう。

なくて、さゆりちゃんは俺のことを見てくれてた。

俺はあの時、真実の愛を見つけることができたと思います。4億7000万円で真実の愛を見つけられたんやから、安い買い物やったわ。ラッキーやった！付き合う時に、なんでも半分こしようと言うたよね。5枚入りのガムやったら2枚ずつ分けて、1枚は半分こ。大きい方と小さい方ができたら大きい方を相手にあげよ。そういう気持ちを持っとこうなって言うたけど、その前からさゆりちゃんにはその気持ちがあった。なんかうまくいったら「かつみさんのおかげやで」って言うけど、ぶっちゃけ、さゆりちゃんのおかげやで!!

さゆりちゃんと出会って人生が変わりました。人と出会って変わるってこと、あるんやなってしみじみ思うわ。親兄弟もいないし友達も少なかった分、さゆりちゃんっていうすごく素敵な人、天使と出会えた。さゆりちゃんがおらんかったらただの頭おかしい人間やから、めちゃくちゃ恵まれたわ。

どんどん声が大きくなってきたけど、これからも、20~30代の芸風のまま力で押していきましょう！じっちゃんばっちゃんが頑張ってストレートで勝負していくんやから、70、80歳になるほどおいしくなる。おもしろい、よくできたネタを作るのも大事やけど、こっからは若い、きれい、元気っていうのも芸になってくるで。還暦まではうまいことやってこれたから、80歳になっても元気なレポーターで「ア～～ボヨヨ～ン」ってやりましょう。俺もさらに髪を立てて、赤色にしたりするわ！

これからもよろしくね！
さゆりちゃんと
出会って
メッチャ
ラッキ～

披露宴での1枚。かつみさんは鶴に扮し、さゆりさんは淡いピンクのドレスをまとって愛らしい。

おわりに

まさか、私の料理本を買っていただけるなんて、思いもしなかったです。

本当に、本当に手にとってくださってありがとうございます！

私がこれまで作ってきたお料理のレシピを読んでいただけるなんて……。素人中の素人なのに……!!


そもそもはWeb連載としてお声がけいただいたのですが
連載の時点で私もかつみさんも本当なのか？と半信半疑でした。

最初の取材でも「私でいいんですか？」と聞いたくらい。

連載が始まっても私でいいのだろうか
正直、何の足しにもなっていないのではないだろうかと不安なままでした。

でも、続けていくうちに時々、街で声を掛けてくださる方がいらして！

「○○作りましたよ」と言っていただけると、とてもうれしかったです。

そして、皆さん声をそろえて、「簡単でおいしかった」と言ってくださるんです。

こんな私が皆さんのお役に立てたのかと思うと本当にうれしいです。

1年間にわたるWeb連載では、お料理にまつわるエピソードと一緒に私が自宅で料理している写真を
掲載していたのですが、それは全部かつみさんが撮ってくれたものでした。

プロのカメラマンさんみたいに「お皿をもうちょっと斜めにして」と指示出ししてくれたかと思うと
2人で「これは桃。ここは太もも」とかってふざけ合いながら、楽しく続けることができました。
また、私が普段作っている料理をうまく思い出せない時は
かつみさんが「あの時、こんな料理作ってくれたで～」と教えてくれたりもして助けてくれて。
ですから、私名義の連載でしたが、私のなかでは2人の連載だと思っていました。
それから、連載を始めたころは忙しくて、バタバタ作って、バタバタ食べる食生活だったのですが
この連載のおかげで昔を思い出しながら、お料理1品1品にまつわる思い出を2人で振り返ることができ
私たち夫婦にとってありがたい時間となりました。感謝でいっぱいです。

しかも、今度はそれを書籍にしていただけるなんて！
話を聞いた時は涙が出るぐらい、ありがたかったです。
素人中の素人である私が作ってきたレシピですが、皆さまの食卓に一品添えることができたら
こんなにうれしいことはありません。

ただ、こうして実際に本になったにもかかわらず
やっぱり本当に皆さまのお役に立てているのか、半信半疑ではあります(笑)。
ただただ、少しでも皆さまのお役に立てることを心から願うばかりです♡

2023年3月

❤さゆり

♥さゆり

1969年生まれ、兵庫県出身。2000年4月、夫婦漫才コンビ“かつみ♥さゆり”を結成。
「ボヨヨ～ン」のギャグで人気を得る。新婚時代から夫の借金を二人で返済し続け、
幾度もかつみ♥の事業失敗も経験するが、持ち前の天真爛漫な明るさで乗り越えてきた。
近年はロケ芸人として多くのテレビ番組で活躍中。
20年に開設したYouTubeチャンネル『かつさゆのボヨヨンチャンネル』の美容動画が人気を集め、
21年に「♥さゆり52歳 生き様ビューティー」（ヨシモトブックス）を刊行するなど、
変わらない美しさと美容ノウハウも多くの女性の支持を得ている。
21年にコンビ結成21年、結婚25年の銀婚式を迎えた。
本書の発売日である23年3月27日（月）は27回目の結婚記念日。

YouTube
かつさゆのボヨヨンチャンネル（登録者13万人）※23年2月現在
https://www.youtube.com/channel/UCTyFB1ymXlkkrf5SbvN05hA

Instagram
@katsumisayuri_sayuri

TikTok
かつみ♥さゆり
katsumi_sayuri

STAFF

装丁・本文デザイン／松浦周作、神尾瑠璃子（mashroom design）
撮影／竹中圭樹（♥さゆりさん）、後藤利江（料理、雑貨）、松井ヒロシ（かつみ♥さん）
スタイリング／呉 貴美（♥さゆりさん）、浜田恵子（料理）
ヘア＆メイク／加納真由美（MORE）
調理／栗田真大
撮影協力／UTUWA
校正／株式会社　鷗来堂
構成・文／岩淵美樹
取材・文／及川 静、上田芽依（かつみ♥さん）
協力／原昂兵、馬場麻子（吉本興業）

編集アシスタント／濱田瑠奈
編集／石川知京、河合和佳子

♥さゆり流 愛の節約ごはん

2023年3月27日　初版発行

著者　♥さゆり
発行者　山下直久
発行　株式会社KADOKAWA
〒102-8177
東京都千代田区富士見2-13-3
電話 0570-002-301（ナビダイヤル）
印刷・製本　図書印刷株式会社

●お問い合わせ
https://www.kadokawa.co.jp/（「お問い合わせ」へお進みください）
※内容によっては、お答えできない場合があります。
※サポートは日本国内のみとさせていただきます。
※Japanese text only

定価はカバーに表示してあります。

Printed in Japan
ISBN 978-4-04-897556-8　C0077